paris/est/à/nous/

L'Afrique à Paris

Dominique **Lesbros**

PARIGRAMME

Pour toute remarque ou suggestion sur ce guide, envoyez-nous un mail :
parisestanous@parigramme.fr

Collection dirigée par Sandrine Gulbenkian et Jean-Christophe Napias

Sommaire

Des senteurs, des couleurs, des cultures...

L'Afrique, c'est chic ! Les tissus imprimés boubous façon *wax* et les bijoux de perles aux couleurs *masaï* envahissent les boutiques de mode tandis que les esthètes se passionnent pour les statuettes d'ébène et les masques vaudous.

Derrière l'Afrique avec un grand A se cache une grande diversité de territoires que l'on a parfois tendance à confondre. Pourtant, un monde sépare l'Afrique du Sud de celle du Nord, et le mode de vie des Yéménites est à mille lieux de celui des habitants du Cap-Vert.

Tous les pays d'Afrique n'ont pas de vitrine à Paris, loin de là, mais ceux qui sont présents trouveront un écho dans ce guide. L'Afrique de l'Ouest est majoritairement représentée, de même que le Maghreb – cette double présence étant un héritage direct de l'acienne présence coloniale française.

L'Afrique, c'est aussi la fascinante Égypte pour laquelle l'engouement des Français ne se dément pas. C'est enfin ce chapeletd'îles plongées dans l'océan Indien – paradis terrestres pour certains, terres d'exil pour d'autres – dont les cultures sont truffées d'influences africaines.

1

Afrique noire

Jusqu'à la fin du XIXe siècle, les Africains ne sont pour les Français que de vagues personnages "primitifs" – cannibales ou "bons sauvages" rousseauistes – qui peuplent les récits de voyages et les romans exotiques. Leur image change avec la Première Guerre mondiale : 193 000 Noirs africains dont 180 000 tirailleurs sénégalais sont recrutés pour aller combattre sur les fronts européens. À la fin de la guerre, les tirailleurs sénégalais, sitôt démobilisés, sont rapatriés. Trois mille Africains restent en région parisienne pour y travailler.

Dans le Paris de l'entre-deux-guerres, la "vogue nègre" bat son plein et Joséphine Baker danse au Casino de Paris. L'intelligentsia parisienne s'éprend de jazz à la nuit tombée et les mômes exigent un Banania à l'heure du goûter... On a même reconstitué en 1928 un "village nègre" – malheureux figurants compris – au Jardin d'Acclimatation (à deux pas du zoo) pour distraire le bourgeois ! En 1931, l'Exposition coloniale révèle aux Parisiens l'architecture africaine. Ceux-ci découvrent à cette occasion un "temple des colonies françaises" (l'actuel bâtiment du Palais de la porte Dorée) et des cases typiques à toitures de chaume (les pavillons du Togo et du Cameroun, désormais recyclés en pagodes bouddhiques dans le bois de Vincennes). Pendant ce temps, les artistes avant-gardistes (Picasso, Braque, Matisse, Zadkine, Breton...) s'intéressaient de près à la statuaire primitive africaine, donnant naissance au cubisme et au fauvisme.

Durant les années 1940, les jeunes intellectuels noirs prennent conscience de leur identité. Des poètes et des écrivains comme Léopold Sédar Senghor, Aimé Césaire et Alioune Diop, soutenus par André Gide, Jean-Paul Sartre ou Théodore Monod, cherchent à valoriser la culture africaine. La revue *Présence africaine* (fondée par Diop en 1947) sera leur tribune d'expression identitaire. C'est l'époque de la "négritude", un mouvement radical clamant la grandeur de la civilisation noire face à l'Europe colonisatrice.

Dans les années 1950, presque tous les acteurs qui vont faire l'Afrique intellectuelle, littéraire, artistique et politique de l'avenir font leurs premières armes dans le Quartier latin. Là se côtoient le cinéaste et romancier Sembene Ousmane, Félix Houphouët-Boigny (futur président de la Côte-d'Ivoire), Léopold Sédar Senghor (futur poète-président du Sénégal) et le cinéaste béninois Paulin Vieyra (qui décrit justement la vie des étudiants africains dans son film *Afrique-sur-Seine*, en 1957).

Les années 1960 voient la misère au Mali : des milliers de Soninkés, Toucouleurs et Bambaras fuient la sécheresse et la crise agraire pour venir travailler comme ouvriers sur les chantiers et dans les industries françaises. Même scénario pour les Sénégalais de la région du Bakel. En 1974, c'est l'arrêt officiel de l'immigration, suivi des autorisations de regroupement familial. Beaucoup de femmes et d'enfants viennent rejoindre à Paris leurs époux et pères. Ils sont 100 000 Africains à la fin des années 1970, occupant les emplois les moins qualifiés et les taudis de Paris.

Les années 1980 sont celles de l'âge d'or de la musique africaine. Manu Dibango, avec son successfull tube *Soul Makossa*, décomplexe toute une génération d'artistes noirs vivant en France et les festivals s'enchaînent (Africa Fête, Ethnicolor, Africolor…). Le choc est d'autant plus dur en mars 1996 quand débute le mouvement des "sans-papiers" : 300 Africains, dont une majorité de Maliens, occupent l'église Saint-Ambroise puis, en août, l'église Saint-Bernard.

La *Black Nation* parisienne actuelle est plurielle : anciens combattants sénégalais, réfugiés politiques d'une république bananière, travailleurs venus de la brousse ou élite estudiantine en formation… Tous les pays du continent noir sont représentés parmi les quelque 200 000 ressortissants africains estimés en Île-de-France. En tête viennent les Maliens, suivis des Sénégalais et des Congolais (ex-Zaïrois). Les Maliens sont majoritairement employés dans les industries, les Sénégalais et les Congoboys travaillent dans les métiers du tissu (tailleurs sénégalais et vendeurs congolais se croisent rue Myrha dans le 18e). Les Camerounais font plutôt dans la restauration tandis que les Ivoiriens investissent dans le muscle (il y a une véritable "Abidjan connection" dans les métiers de la sécurité : on ne compte plus le nombre de vigiles, videurs et autres agents de sécurité blacks de nationalité ivoirienne).

Les *bana-banas* sont des cas particuliers : ces afro-vendeurs à la sauvette d'amulettes et de mini-tours Eiffel dorées, présents sur tous les spots touristiques de Paris, sont Sénégalais (clandestins pour la plupart). Ils appartiennent à une communauté religieuse très soudée, celle des Mourides, des musulmans fervents mais tolérants (les femmes prient aux côtés des hommes), qui considèrent la réussite économique comme une ligne de conduite divine, qui voient dans le travail la clé du paradis. Derrière le business apparemment marginal et folklorique des bana-banas se cache une organisation extrêmement structurée, une véritable industrie commerciale. Les babioles sont fabriquées de façon artisanale mais à grande échelle par des villageois sénégalais puis expédiées dans des commerces de gros de la rue du Faubourg-du-Temple avant d'être revendues aux bana-banas. Les Mourides de Paname (un millier environ) sont la fierté du Sénégal, car ils font rentrer des devises (10 % de la richesse créée dans ce pays proviennent de l'argent envoyé par les expatriés !).

Deux Afrique coexistent à Paris sans vraiment se croiser : celle de Château-Rouge et de la rue Sauffroy, aux coulisses de misère, et celle, métissée d'images et de codes occidentaux, des galeries d'art et des restos branchés (type La Jungle) où l'on porte le boubou sur le jean baggy, où l'on écoute les palabres philosophiques d'un griot sur un fond d'électro... Deux mondes parallèles qui correspondent à deux vagues d'immigration : celle des ouvriers issus des campagnes pauvres et celle des étudiants urbains occidentalisés.

PLONGÉE AU CŒUR DU HARLEM PARISIEN

Carrefour de cette communauté mosaïque : le quartier de Château-Rouge (18e), lieu de vie intense avec son marché exotique, ses échoppes multicartes (alimentation et cosmétique), ses cabinets de marabouts, ses dondons à boubous et ses cris en wolof comme au village. Dès la sortie du métro, on vous glisse d'office entre les mains un passeport pour l'Afrique brute et authentique : le bristol d'un marabout "sérieux et discret, 100 % de succès, résout tous les problèmes, paiement après travaux, résultats garantis". De nombreux foyers reproduisent le tissu relationnel et social du village (forte solidarité, prières et repas en commun). Bien que le prix du poulet mafé y soit attractif (2 €), mieux vaut montrer "patte noire" pour être introduit dans ces microcosmes !

Depuis quelques années, une autre Afrique brute pointe aussi son nez rue Sauffroy (17e) et alentours (rues Guy-Môquet et Gauthey). On y trouve un chapelet de boutiques de téléphone longue distance, de coiffeurs afro, d'épiceries exotiques et de maquis (bouis-bouis) strictement communautaires (pas d'enseigne, pas de carte, une vitrine masquée d'un rideau). Seuls les toubabs sérieusement motivés osent s'aventurer dans ces QG camerounais, zaïrois ou congolais, où *sapeurs* et *go'* (filles) mangent à toute heure du jour de solides plâtrées de riz au poisson braisé.

Question de culture

Il existe une multitude de petites associations qui se bougent pour faire connaître la culture de tel ou tel pays, aider des artistes ou organiser des festivals, mais il n'y a pas de lieu fédérateur, de centre culturel africain qui serait à la fois un espace d'information et une vitrine des arts traditionnels et contemporains. Le musée Dapper, avec ses animations de grande qualité, joue un peu ce rôle d'ambassadeur culturel mais ce n'est pas sa vocation première. La carence demeure.

▸ Musées

Musée du quai Branly

Accès par la rue de l'Université (n° 206 ou 218) ou le quai Branly (n° 27, 37 ou 51), 7e, RER Pont-de-l'Alma, M° Iéna ou Alma-Marceau. Tél. 01 56 61 70 00 – www.quaibranly.fr

Ouvert du mardi au dimanche de 10h à 18h30, nocturne le jeudi jusqu'à 21h30. Tarifs : 8,50 € ; TR : 6 €.

On ne regarde plus les arts dits "premiers" comme on le faisait il y a une quinzaine d'années. La période coloniale s'éloigne dans le temps, l'occidentalisme tend à s'estomper, de même que le clivage entre anthropologie et histoire de l'art. Le musée du quai Branly est la traduction de ce regard nouveau, à la fois curieux, intrigué, perplexe et avide de dialogues. Il lui fallait un bâtiment à sa mesure, à son image. Jean Nouvel l'a imaginé comme une longue passerelle de bois posée sur pilotis au-dessus d'un jardin vallonné conçu à l'image des végétations indisciplinées et lointaines.

Le site est marqué par les symboles de la forêt et du fleuve. Ainsi, le jardin est habité par l'esprit de la tortue. En Asie, cet animal mythique porte l'Univers ; en Afrique, le siège où s'installe le coupable aux aveux est une tortue ; en Amazonie, certaines populations donnent à leur campement tribal une forme de tortue dont la queue indique la direction de la rivière, repère indispensable au sein de la forêt. Dans le jardin du quai Branly, l'ovale de sa carapace apparaît ça et là pour tracer les contours des clairières, dessiner la forme d'un banc ou émerger au détour d'un chemin sous l'apparence d'une roche moussue.

Le serpent, lui, est tapi à l'intérieur du bâtiment. Qu'il soit à plumes en Amérique du Sud ou dévoreur de vierges en Afrique, il est craint et vénéré sur les cinq continents. C'est ici le nom d'un espace central qui ondule sur les 200 m du plateau labyrinthe des collections. Longeant chaque zone géographique, ce long meuble habillé d'une peau de cuir scarifié sert de support à l'intégration d'un grand nombre d'écrans vidéos.

LES ANIMATIONS

La palette est vaste ! Les adeptes des visites guidées ont le choix entre une présentation par continent ou un parcours thématique (la relation avec la nature, l'appréhension de la mort, les interdits et les tabous...), ou encore une visite contée ponctuée de récits inspirés des traditions orales du monde entier (8 € la visite).

• Pour s'initier aux chorégraphies indiennes, au piano à pouces africain ou pour s'exercer à conter comme un vrai griot africain, inscrivez-vous aux séances d'initiation (10 €).

• Pour préparer un départ ou adoucir un retour, visez les voyages d'un jour qui explorent une société et ses cultures traditionnelles à travers un parcours et un atelier vivant. Embarquement une fois par trimestre pour le Mali, le Mexique, la Thaïlande... (30 €).

• Les plus jeunes ont aussi leurs ateliers : Devenir ethnologue, Pas si bêtes, Le secret du masque (8 €).

• Sur la scène de l'auditorium s'exprime la création artistique de ces civilisations (spectacles de marionettes, danses, théâtre, chant...).

La collection comporte 300 000 objets dont 3 500 sont présentés de manière permanente. Ils proviennent en majorité du musée de l'Homme (250 000 objets du laboratoire d'ethnologie) et du musée national des Arts d'Afrique et d'Océanie (25 000 objets), le reste étant le fait de dons et d'acquisitions. Les œuvres baignent dans un subtil mélange d'ombre et de lumière destiné autant à les protéger qu'à aviver l'imagination. Au fur et à mesure de sa progression, le visiteur se laisse envoûter par l'extraordinaire puissance esthétique des objets, poétiques et dérangeants. Mélange d'incompréhension et de fascination...

L'Afrique tient dans ce musée le haut du pavé. C'est là l'un des plus importants fonds d'art africain au monde, avec près de 70 000 objets en provenance du Maghreb, d'Afrique subsaharienne et de Madagascar. Sur environ 1 200 m^2, le visiteur accède à un millier d'œuvres d'une richesse et d'une variété exceptionnelle dont l'influence sur l'art moderne occidental est indéniable. La visite débute en Afrique du Nord où l'espace est organisé en trois pôles : les arts citadins (mobilier, broderies), les arts ruraux (tapis, vaisselle de bois, poteries, bijoux) et les arts nomades. Puis l'on descend vers l'Afrique subsaharienne en frôlant des œuvres du Mali, de Côte d'Ivoire, du Nigeria, du Gabon et du Congo, avant de piquer plein sud vers l'Afrique équatoriale, centrale et australe et l'île de Madagascar. Les fameuses boîtes colorées en saillie sur la façade nord forment autant de petites grottes consacrées à une famille d'objets ou à un thème (la divination par exemple). Aux côtés d'étranges statuettes trônent des coiffes ornées de plumes de pintade, des bonnets de notables camerounais, des parures de guerrier masaï et des tuniques de chasseur malien.Des boîtes à musique plongent le visiteur dans l'ambiance d'une veillée de séduction chez les Peuls nomades du Niger ou d'un concert de polyphonies vocales chez les Pygmées bedzan du Cameroun...

Au cœur du musée s'élève la tour-réserve des instruments de musique – colonne de verre de 16 m de diamètre qui transperce de part et d'autre les cinq étages du bâtiment. Cette collection, constituée à partir de 1878, s'est enrichie au fil des missions ethnographiques françaises. Elle comprend 9 500 instruments de musique dont la moitié proviennent d'Afrique : instruments à vent, à cordes, tambours et « idiophones » dont le corps rigide est mis en vibration par entrechoc, secouement, raclement, etc.

LES ANNEXES

• Après avoir disséqué par le menu le plateau des collections, ne partez pas sans avoir visité la **réserve des grands objets** (visible du promenoir du théâtre) qui expose les objets « hors normes » (pirogues et canoës, statuaire monumentale, tambours à fente océaniens...).

• Le site s'accompagne d'une **médiathèque** baptisée Jacques Kerchache en hommage à ce grand voyageur et collectionneur à l'œil incomparable (mort en 2001), militant infatigable de la cause des arts premiers dont l'enthousiasme communicatif fut à l'origine de la création du lieu. Son manifeste lancé en 1990, intitulé *Les chefs-d'œuvre du monde entier naissent libres et égaux* est en quelques sorte l'acte de naissance du musée.

• La **librairie** est désormais le point de vente de référence dans le domaine des arts premiers en France. Sous ses hauts plafonds peints par des artistes aborigènes australiens, elle présente une large sélection de livres, cartes postales, affiches, CD, DVD, revues et objets.

Musée des Arts derniers

105, rue Mademoiselle, 15e, M° Cambronne.
Tél. 01 44 49 95 70. Ouvert tous les jours de 11h à 19h.

Après avoir longtemps vécu au Zimbabwe, Olivier a décidé d'ouvrir cette galerie pour promouvoir l'art contemporain africain injustement négligé au profit d'un culte du primitivisme qui présuppose l'existence de cultures "intouchées", non "souillées" par la culture occidentale (les arts dit "premiers"). D'où le nom "d'arts derniers", au sens d'arts actuels, choisi pour ce musée où s'enchaînent expos temporaires, conférences, lectures et débats qui tous ont pour épicentre l'Afrique. On découvre, on s'étonne, on frémit parfois devant ces re-créations de fétiches, ces détournements de totems, ces amas réfléchis de bric et de broc et ces sculptures ndébélé grotesques, drôles à faire peur.

Musée Dapper

35, rue Paul-Valéry, 16e. M° Victor-Hugo. Tél. 01 45 00 39 45.
www.dapper.com.fr. Ouvert du mercredi au dimanche de 11h à 19h.
Entrée : 6 €, tarif réduit : 3 €.

Au musée Dapper, les statuettes se font stars. Mises en valeur par l'éclairage dans une pénombre étudiée, ces divas d'ébène ne livrent leurs secrets qu'au compte-gouttes à l'amateur esthète séduit par leur beauté brute, qui prend le temps de les détailler et de lire leur CV. Quels mystères recèlent ces statuettes magiques habillées de matières minérales ou végétales, ces objets rituels "chargés" liés au culte des ancêtres ou des morts, aux rites d'initiation ou de fertilité de l'Afrique subsaharienne ? Pourquoi ces masques arborent-ils des pigments de kaolin et pourquoi les yeux sont-ils fermés ? Les questions fusent et les réponses suivent, sous forme de panneaux pédagogiques. Ce musée, rattaché à la fondation Dapper d'Amsterdam, porte le nom d'un humaniste hollandais du XVIIe siècle, à la fois médecin et géographe, qui fut l'auteur (sans jamais avoir quitté sa Hollande natale !) d'une *Description de l'Afrique et de ses îles* (1678), ouvrage pionnier en la matière. Les expos thématiques (deux par an) évoquent les grandes civilisations africaines et les diasporas issues du continent noir (art caribéen ou afro-américain). L'espace librairie diffuse ouvrages et CD édités par la fondation ainsi que divers essais, romans, BD, revues d'art tribal à thème africain. Légère restauration au cœur de la librairie. Spectacles de théâtre, concerts, projections vidéo, conférences, débats littéraires et contes burkinabé, congolais ou sénégalais sont organisés. Le musée Dapper est un véritable centre culturel off.

▸ À voir

Chapelle des plantes du Sahel

Serres d'Auteuil, 3, avenue Gordon-Bennett, 16e. M° Porte-d'Auteuil.
Tél. 01 40 71 74 00.
Ouvert tous les jours de 10h à 17h. Entrée : 1,50 €.

La maigre végétation qui pousse dans le désert du Sahel est menacée. Pour la sauvegarder, elle a été reconstituée ici dans des conditions climatiques proches de celle de la bande sahélienne. C'est-à-dire qu'il règne sous cette serre une température de 23 °C en hiver et de plus de 35 °C l'été. Elle est même équipée de lampes à mercure afin de reconstituer l'intensité lumineuse nécessaire aux plantes (soit 6 000 lux). On y croise des bébés baobabs, des plants de karité, des gommiers (produisant la gomme arabique) et plein d'autres végétaux. Se promener dans cette chapelle par temps froid est d'un grand réconfort.

▸ Lieux de culte

Tous ceux qui ont assisté à une messe en Afrique ont constaté que c'est coloré, gai, fervent, décontracté et sincère. Rien à voir avec la solennité parfois somnolente des offices catholiques français. Pour redynamiser votre foi, rejoignez les Africains catholiques de Paris dans la crypte de Notre-Dame-de-Fatima, même si la nef est déjà occupée par les catholiques portugais ! (48 bis, boulevard Sérurier, 19e). Messe interactive chaque dimanche, rythmée par une chorale remuante qui chante en VO des cantiques amples et chaleureux. À la sortie, des ribambelles de gamines habillées en napperons gambadent entre les boubous du dimanche. Pour les grandes occasions, rendez-vous à Notre-Dame-des-Otages (81, rue Haxo, 20e. Renseignements auprès de la communauté chrétienne des Africains au 01 42 08 54 70).

Notre-Dame-des-Buttes-Chaumont

80, rue de Meaux, 19e. M° Bolivar.

Cette église accueille chaque dimanche entre 15h et 17h des kimbanguistes. Ni catholiques, ni protestants, ces chrétiens d'Afrique vénèrent le culte de Kimbangu, un messie noir congolais mort en 1951. Membres du Conseil œcuménique des églises, les kimbanguistes sont 9 millions en Afrique et un petit millier en Île-de-France. Venus majoritairement du Congo Kinshasa et un peu d'Angola, ils se réunissent pour de longs offices jalonnés de lectures bibliques et de chants émouvants, accompagnés de flûtes, de trompettes et de grosses caisses. Les femmes, jeunes et nombreuses, sont vêtues de chemisiers blancs et de foulards verts (symboles de pureté et d'espérance). La tonalité est ici douce et grave, sans extériorisation exubérante des corps.

▸ Librairies et bibliothèques

Présence africaine

25 bis, rue des Écoles, 5e. M° Maubert-Mutualité.
Tél. 01 43 54 15 88.
Ouvert du lundi au samedi de 10h30 à 19h.

Lieu de passage obligé de tous les intellectuels africains depuis sa fondation en 1949 par le Sénégalais Alioune Diop, elle met en vedette les écrivains africains : Ahmadou Kourouma, Aminata Sow Fall, Dany Laferrière (auteur de *Comment faire l'amour avec un nègre sans se fatiguer*)… 5 000 ouvrages sur toute l'Afrique francophone cohabitent : méthodes de langues, livres de cuisine, DVD, mots croisés en créole, épopées mandingues (de Mandé, l'ancien royaume du Mali), polars blacks, romans métisses ponctués d'expressions désopilantes…

L'Harmattan

16, rue des Écoles, 5e. M° Maubert-Mutualité.
Tél. 01 40 46 79 10. www.editions-harmattan.fr
Ouvert du lundi au samedi de 10h à 12h30 et de 13h30 à 19h.

Cette librairie très cosmopolite est le porte-voix de la culture africaine (entre autres) : contes beembé du Congo, langage des tam-tams et des masques, coulisses de la guerre du Soudan, énorme stock de magazines et de journaux africains (*Divas, L'Autre Afrique*).

La Documentation française

29, quai Voltaire, 7e. M° Rue-du-Bac.

Tél. 01 40 15 71 10. www.ladocumentationfrancaise.fr

Ouvert le lundi de 14h à 18h et du mardi au vendredi de 10h à 18h.

Autre piste pour trouver des essais pointus et des revues "sérieuses" sur l'Afrique contemporaine (*La Lettre de Libreville, New African*...) : le fonds Afrique de la librairie de la Documentation française (sur la mezzanine), sa photothèque (fonds Afrique noire francophone), sa bibliothèque (l'Afrique et l'Outre-Mer depuis 1800 : les colonisations, les indépendances) et son centre de documentation (dossiers sur les pays).

Librairie des éditions Karthala

22-24, boulevard Arago, 13e. M° Gobelins.

Tél. 01 43 31 15 59. www.karthala.com

Ouvert du lundi au jeudi de 8h30 à 17h30 et le vendredi de 8h30 à 16h30.

Édition d'essais ethnologiques, sociologiques et géopolitiques sur le continent africain et le monde caribéen. Les férus du pourquoi-comment pourront y décrypter l'histoire de l'Afrique et décortiquer les points chauds de son actualité. Également des carnets de voyage, des contes et légendes.

Bibliothèque Couronnes

66, rue des Couronnes, 20e. M° Couronnes. Tél. 01 47 97 80 84.

Ouvert mardi, jeudi, vendredi de 13h à 19h, mercredi, samedi de 10h à 18h.

Fonds spécialisé sur l'Afrique noire et le monde arabe : romans bilingues, documentaires, méthodes de langues.

S'informer

▸ Presse

Les Africains n'ont pas de revues communautaires gratuites diffusées à l'entrée des lieux de rencontres afro. En revanche, les kiosques sont généralement bien approvisionnés en hebdos généralistes (comme *L'Autre Afrique, Africa international, Jeune Afrique*) ou spécialisés (*La Revue noire*, dédiée à l'art contemporain).

▸ Radios

Africa n° 1 (107.5 FM)

www.africa1.com/radio/radio.htm
Radio panafricaine internationale (5e radio mondiale), basée à Libreville (Gabon). News, musique, feuilletons, sports, jeux et contes.

RFI (89 FM)

www.rfi.fr
Radio France Internationale fait une large place à l'actualité politique, économique, sociale et culturelle du continent black. Horaires des news et des débats variables, en fonction de la programmation saisonnière.

▸ Sites web

www.africultures.com

Un site de référence sur les cultures africaines en France. Actualité culturelle, agenda complet (et à jour) des expos, débats, festivals partout dans le monde, dossiers thématiques, adresses de cours de danse afro, liens vers des revues de la diaspora…

www.nouchi.com

Sous-titré "La culture africaine avec le sourire". Un bon truc anti-spleen ? Méditez chaque matin le proverbe africain du jour (aujourd'hui : "Traverse la rivière avant d'insulter le crocodile"). Et des expressions folkloriques en français africanisé, un dico d'argot ivoirien et des recettes métisses originales (ah ! le croque-monsieur à la banane !).

▸ Les rendez-vous

Décembre : festival Africolor

Dédié aux musiques d'Afrique et de l'océan Indien, ce festival se déroule dans toute la Seine-Saint-Denis. Final en apothéose avec un Noël mandingue !
Renseignements au 01 47 97 69 99 ou sur le site www.africolor.com

Écouter, voir

▸ Cinéma

Images d'ailleurs

21, rue de la Clef, 5e. M° Censier-Daubenton.
Tél. 01 45 87 18 09 ou 01 47 63 74 00 (bureau).
www.zanzibart.com/imagesdailleurs

Malgré d'honorables critiques, le cinéma africain demeure méconnu du public. Séance de rattrapage au cinéma Images d'ailleurs, premier espace cinématographique black de Paris, classé salle d'art et essai. Fictions de réalisateurs afro, documentaires miroirs et créations atypiques enrichis de débats, de soirées musicales et poétiques, de rétrospectives et de festivals.
Tarif : 5,80 € (5,10 € le lundi).

Cinémathèque Afrique du ministère des Affaires étrangères (ADPF)

6, rue Ferrus, 14e. M° Glacière.
Tél. 01 43 13 11 15. www.adpf.asso.fr

Envie de faire partager votre passion pour le cinéma africain ? Puisez dans près de 600 titres, des documentaires les plus sérieux (*Le Vaudou, Aimé Césaire*...) aux fictions les plus folles (*Afrique-sur-Seine, Ça twiste à Poponguine, Jazz Mic Mac*).
À voir absolument dans la série "trésors des poubelles" : *Diplomates à la tomate* (surnommés ainsi à cause de leurs attachés-cases rouge et noir en boîtes de sauce tomate recyclées, du dernier chic à Dakar !) ainsi que le film *FVVA* (femme, villa, voiture, argent, une expression populaire nigériane, symbole de réussite sociale). Visionnage des films sur place et sur rendez-vous (le prêt est en principe réservé aux écoles ou aux associations). Un conseil : ne vous laissez pas décourager par l'accès laborieux (barrages filtrants, fouille de sac, planton ignorant tout de l'existence de ladite cinémathèque, couloirs labyrinthiques... L'ADPF est située au dernier étage d'un blockhaus juridico-administratif).

▸ Disquaires

Dans les années 1960, les griots, ces musiciens de caste, faisaient la tournée des foyers d'immigrés et des fêtes communautaires dans la plus grande indifférence des Parisiens. À l'aube du XXIe siècle, le crooner congolais Koffi Olomidé et le Sénégalais Youssou N'Dour remplissent le Zénith et l'Olympia. Que de chemin parcouru !

Manu Dibango est l'un des premiers artistes à élargir l'audience grâce à Soul Makossa (1972), un morceau qui marie rythmes traditionnels et sonorités jazz. Le festival Africa Fête (créé en 1976) et le disque *Tam Tam pour l'Éthiopie* (1984) vont propulser les musiciens afro : Manu Dibango, l'Ivoirien Alpha Blondy, le Malien Salif Keita, le Guinéen Mory Kanté, le groupe sénégalais Touré Kunda... Pour la plupart d'entre eux, Paris est l'étape obligée car, faute d'infrastructures au pays, ils viennent y faire graver leurs CD mais surtout parce que la scène parisienne est un tremplin idéal pour une carrière internationale. L'engouement des médias et du grand public atteint son paroxysme entre 1984 et 1988 – années bénies pour les vedettes africaines – avant que le soufflé euphorique ne retombe. Le festival Africolor a pris le relais d'Africa Fête et continue cependant à réunir chaque fin d'année depuis 1989 des centaines d'accros aux tempos d'Afrique et de l'océan Indien.

Cap Vert Music

108, rue de Clignancourt, 18e. M° Simplon. Tél. 01 42 62 92 12.
Ouvert du lundi au samedi de 10h à 19h30.

Le Cap Vert est surtout connu pour ses *mornas* aux accents créoles intimistes et nostalgiques (dont Cesaria Evora est l'emblème mondial). Mais quand le rythme les démange, les Capverdiens préfèrent chalouper sur de la *funana* au tempo vif et tourbillonnant (musique folklo à base d'accordéon) ou sur une bonne *coladeira* (d'origine brésilienne). La boutique diffuse aussi des musiciens lusophones d'Angola, de Guinée-Bissau et du Mozambique.

Rythmes & Musiques

33, rue Poulet, 18e. M° Château-Rouge.

Achetez le dernier CD de Salif Keita (l'empereur du mandingue blues) au cœur du Little Bamako de Paname, c'est tellement plus *roots* que d'aller à la Fnac ! En prime, vous pourrez partager votre passion pour les "griots électriques" avec les habitués. Dans les bacs, l'adulé Koffi Olomidé, le demi-dieu zaïrois Papa Wemba, le trio Djoloff (d'jeuns sénégalais qui montent), du reggae sud-africain, des tubes d'Afrique centrale, de la rumba zaïroise, du *mbalax* sénégalais, du *makossa* camerounais... Vous y trouverez aussi des clips de *mapouka* (danse populaire) et des sketches des "Guignols d'Abidjan" pour vous bidonner comme un Peul chatouilleux.

À vous de jouer !

La danse africaine, ancestrale, est pétrie de symboles. Elle fait référence aux divinités, aux éléments naturels, aux sources mêmes de la vie. Qu'elle vienne du Sénégal, du Burundi ou du Zimbabwe, elle véhicule l'histoire, la tradition de chaque ethnie et met en scène des événements de tous les jours au village (deuil, joie, changement de saison...).

Son principe est simple : il s'agit d'"écrire" une histoire avec son corps, de reproduire les gestes quotidiens (comme piler le mil, couper des herbes hautes, laver du linge, mettre l'enfant sur le dos, aller chercher l'eau au marigot, chasser les mouches avec des queues de bœuf...). Après une série d'étirements et quelques vocalises énergique, on frappe des mains, on tape du pied et on surveille les "appels" du *djembéfola* (joueur de djembé), qui signalen les changements de pas et les enchaînements. Les gestes partent du centre du corps pour aller vers la périphérie. On danse nu-pieds pour puiser son énergie dans la terre !

▸ Cours de danse

Centre du Marais

41, rue du Temple, 4e. M° Hôtel-de-Ville. Tél. 01 42 72 15 42.
www.parisdanse.com – Tarif : environ 18 € le cours.

Il y aura toujours ici pour vous un cours de danse afro ! Selon les années, ce sera du *n'dombolo* ou de la danse "Afrique-Urbaine" inspirée de la culture traditionnelle guinéenne. Et parfois un éveil musical et une initiation à la gestuelle des danses africaines pour les enfants de 3 à 14 ans.

Centre Momboye

25, rue Boyer, 20e. M° Gambetta.

Tél. 01 43 58 85 01. www.ladanse.com/momboye

Ouvert tous les jours, cours à 13h, 17h45, 19h15 et 20h45.

Tarif : 15 € le cours d'1h30 (non-adhérents) ou 14 € + 15 € d'adhésion annuelle ; 10 € (ou 8 € le cours d'1h "spécial midi") ; ateliers pour les 4-6 ans et 7-12 ans le samedi après-midi (10 €).

Ce centre est une référence en matière de danses africaines. Les profs viennent de (presque) tous les pays d'Afrique et les cours explorent les multiples déclinaisons du genre : danses du Bénin, du Sénégal, du Cameroun, de Guinée, danses africaines modernes *(n'dombolo, soukouss)*, hip-hop, afro brésilien, afro jazz, afro gym, percussions, polyphonies africaines. En prime, un accompagnement live par un orchestre de percussions *(djembé, doum doum, kora...)*. Les bouts de chou hauts comme trois mangues ne sont pas oubliés : ils miment eux aussi des saynètes.

À offrir, à s'offrir

▸ Galeries d'art

L'art africain ne se résume pas aux masques et aux statuettes vendus au rabais par les *bana-banas*. Il constitue un univers de formes extrêmement riche où les artistes occidentaux du début du XXe siècle ont puisé leur inspiration pour renouveler leur propre recherche plastique. De curiosités ethnologiques, ces objets primitifs ont gagné le statut d'œuvres d'art. Un "triangle d'ébène" – fief d'antiquaires spécialisés dans les arts primitifs – a vu le jour sur les rives du 6e arrondissement (entre les rues Bonaparte, des Beaux-Arts et Guénégaud). Promeneurs et curieux y côtoient amateurs éclairés et spécialistes émérites initiés, capables de détecter l'authenticité d'une parure baoulé au premier coup d'œil, de confondre un faux fétiche wodoo ou d'apprécier en expert la finesse d'une statuette dogon. La valeur d'une pièce est fonction de nombreux critères : son ancienneté, sa rareté, sa provenance ethnique (son pedigree), la sophistication du travail et sa patine (qui témoigne que l'objet a été utilisé lors de cérémonies). Une œuvre est qualifiée d'authentique quand elle a été réalisée par et pour des Africains et pour un usage domestique ou rituel (ce qui n'est pas le cas des copies d'importation purement décoratives). La plupart des pièces qui s'arrachent à prix d'or dans ces galeries remontent à une période comprise entre 1850 et 1930, ou sont carrément antiques.

▸ Galeries-boutiques

As'Art

3, passage du Grand-Cerf, 2e. M° Étienne-Marcel. Tél. 01 44 88 90 40.
Ouvert du mardi au samedi de 11h à 19h (et tous les jours de la semaine en décembre).

As'Art, sous-titré "l'Afrique d'est en ouest", fera oublier tous les afro bazars à 10 francs CFA. L'espace flirte avec le concept de boutique-appartement, ce lieu où l'on passe de pièce en pièce avec l'envie de tout acheter. Objets anciens, créations design exécutées par des artistes africains, accessoires de mode, tabourets primitifs, chaises longues éthiopiennes, vaisselle afro au raffinement asiatique.

▸ *Autre adresse : 35, rue Saint-Paul, 4e.*

CSAO

9 (boutique) et 15, rue Elzévir (galerie), 3e. M° Saint-Paul.
Tél. 01 44 54 55 88 et 01 44 54 90 50. www.csao.fr
Ouvert du lundi au samedi de 11h à 19h (et le dimanche de 14h à 19h pour la boutique).

L'enseigne en fer blanc de la Compagnie du Sénégal et de l'Afrique de l'Ouest annonce illico la couleur : "Bons produits d'Afrique". À l'intérieur, c'est une explosion de couleurs et de matériaux qui dynamite le bon goût. En vedette : l'artisanat de récup'. L'idée est simple : que faire d'une boîte de conserve vide ? Au village, on l'aplatit comme une galette et on en fait un tabouret, une petite auto, un attaché-case (très en vogue chez les cadres de Dakar). Rien ne se jette, tout se recycle astucieusement. L'économie de la débrouille est notre philosophie. La ferraille la plus en vue du moment est celle des cannettes Coca-Cola, Heineken, Fanta et de la moutarde Sonia. Summum du délire sous la verrière : imposant sofa en bidons d'huile cabossés et écaillés, tabourets baptisés "On a marché sur Mars". Plus sages sont les vanneries, les textiles, la vaisselle en tek, le *thiouraye* (encens traditionnel du Sénégal), les sachets de fleurs d'hibiscus (pour infusion *bissap*) et les graines de baobab à planter sur sa terrasse. Tarifs démocratiques.

Dans la galerie (au n° 15), on trouvera des pièces uniques que l'on croirait sorties de l'imagination d'un Gaudí afro (trône surréaliste en perles de rocaille, sofa incrusté de mosaïque, d'os et d'ébène...). Remettez-vous de ce choc culturel en allant grignoter un *yassa* au Petit Dakar, restaurant en titre de l'empire CSAO, au n° 6, de la rue Elzévir ou au Jokko, bar culturel, au n° 5 !

QUELQUES ESCALES RECOMMANDABLES

• La galerie **Argiles** (16, rue Guénégaud, 6e) est un antre souriant et hétéroclite, regorgeant d'ustensiles insolites, de textiles, de bijoux.

• **Chez Noir d'ivoire** (18, rue Guénégaud et 19, rue Mazarine, 6e), les antiquités (en provenance d'Afrique de l'Ouest) sont cirées comme des sous neufs et exposées sous verre.

• Au **52, rue Mazarine,** 6e, demandez à M. Laprugne de vous conter l'histoire de ses chères "curiosités" ethnologiques (objets rarement vus ou provenant d'époques ou de pays lointains, et à l'usage mystérieux). Le fouillis est joyeux, et le bonhomme passionné et passionnant.

• Gardez **L'Île du démon** (13, rue Bonaparte, 6e) pour la fin. Cette caverne alibabesque est délicieusement effrayante avec ses statues au format pygmée hérissées de clous, perruquées de fibres végétales et dotées d'œils de verre... Un bric-à-brac inouï de parures tribales, de toiles naïves, de poupées magiques, de totems grimaçants, de verroterie.

Et aussi :

• **Trésors d'Afrique** (10, rue des Wallons, 13e), une galerie-boutique excentrée du triangle d'ébène mais qui mérite un détour pour ses statuettes ethniques en bronze doré, en ébène ou en tibia d'hippopotame. Le néophyte appréciera l'étiquetage pédagogique, détaillé et soigneux (assez rare pour être signalé).

Africouleur

108-110, rue Saint-Maur, 11e. M° Parmentier. Tél. 01 56 98 15 36. www.africouleur.com. Ouvert du lundi au samedi de 10h30 à 20h30.

Cette échoppe abrite plein de p'tits bonheurs importés d'Afrique de l'Ouest : porte-monnaie en bambou, sacs "passeport" ultra-plats, bijoux touaregs, cuillères en tek, tentures en voile mauritanien, housses de couettes en *wax*, *bogolan* au mètre (coton très épais teint à la terre calcinée), créations de la jeune styliste Férouz (vêtements aux coupes européennes taillés dans des tissus afro : *basin, batik, splash, kenté*...).

► *Autre adresse (mais moins de choix) : 19, rue Durantin, 18e.*

► Tissus

Les tissus shops du quartier de Château-Rouge battent tous les records de concentration rue Doudeauville. Les vitrines s'y déguisent en patchwork de coupons bariolés et rivalisent de noms rigolos (Wax Joli Afrique, Tissus Toto, Royal Pagne, Parilux). On y vient avec une vague envie de nappe ethnique, on repart les bras chargés de rideaux assortis et la tête pleine d'idées nouvelles. Le *wax* aux dessins vigoureux est la star toutes catégories. Ce coton imprimé à la manière des *batiks* indonésiens sert à confectionner les boubous de tous les jours. Il se décline en version hollandaise (le top), anglaise ou suisse ! Outre le *wax*, on trouve aussi du *basin* (coton damassé assez proche du *wax* mais orné de motifs pastel plus discrets), du voile de *basin* brodé, de *l'organza* (destiné à la confection des boubous de fêtes), du velours *kasaï*, du *java*, du *sosso*, des imitations de peau de vache, de panthère ou de zèbre. Les motifs naissent en Afrique au gré des modes. Les plus courants représentent des animaux (tortues, poissons...), d'autres sont carrément loufoques (portrait de président, liasses de francs CFA). La palme revient à Parilux (63, rue Doudeauville) qui expose en vitrine ses coupons les plus sacrés, incrustés de portraits du Christ, de madones en pied et de versets bibliques !

▸ Mode

Un grand vent d'Afrique souffle sur la mode. Les *cauris* envahissent les ceinturons, les "toubabettes" portent des turbans ethniques, les stylistes pillent les couleurs, les motifs et les matières de la savane tandis qu'une poignée de créateurs africains triés sur le volet, tels Alphadi et Lamine Kouyate (Xuly.Bët), cartonnent avec leurs collections "tribal chic".

Atelier Sadio Bee

10, rue Sainte-Marthe, 10e. M° Colonel-Fabien. Tél. 01 42 39 19 52.
www.sadio-bee.com
Ouvert du mardi au samedi de 13h à 20h.

Pionnier du métissage afro-occidental, le styliste sénégalais Sadio Bee crée des vêtements aux coupes occidentales modernes (asymétriques et déstructurées) à partir de matières africaines traditionnelles. Il adore notamment border un tissu sobre de garnitures colorées en *wax, batik ou basin.*

Galerie Baïfall Dream / Théranga

20, rue des Dames, 17e. M° Place-de-Clichy.
Tél. 01 42 94 26 07 et 06 60 68 89 54. www.baifalldream.com
Ouvert tous les jours de 13h à 19h (minuit pour Théranga).

Le peintre-styliste sénégalais Myke Sylla est le fer de lance d'une mode ethnique avant-gardiste qui mêle joyeusement les genres. Sous le nom de Baïfall Dream (en référence à la communauté spirituelle et solidaire des Baye Fall au Sénégal), il fédère un collectif d'artistes (stylistes, chorégraphes, plasticiens). Après avoir customisé façon tribale des blousons en cuir *vintage* (que se sont arraché les Princess Erika), Myke cultive le *teranga* ("l'art de bien recevoir" en sénégalais) dans son salon de thé afro qui fait aussi galerie d'expo. Assis sur des coussins, on y sirote un thé à la menthe en tchatchant mode et fusion culturelle avec Myke himself, hôte de charme.

▸ Beauté

Les 20 premiers numéros de la rue Poulet (18e) sont aux beautés africaines ce que le bas du boulevard de Strasbourg (10e) est aux coquettes Antillaises : le Rungis du cosmétique, l'éden des aphrodites. Les échoppes baptisées "Papou Exotique", "Élégance Africaine", "N'Na Tresses" ou "Spécial Femmes Riches" (sic !), débordent de perruques, mèches, tresses, lotions défrisantes, crèmes éclaircissantes onguents blanchissants (extrêmement nocifs pour la peau).

Pureté

26 bis, rue Traversière, 12e. M° Gare-de-Lyon. Tél. 01 44 68 03 50. www.karite.com – Ouvert du mardi au samedi de 10h à 18h.

Si les boutiques sus-citées vous effarouchent par leur côté "bazar cheap", ne renoncez pas pour autant à piller les secrets de beauté des déesses afro ! Remplissez ici votre vanity de crèmes et lotions de haute qualité, essentiellement à base de beurre de karité, chouchou intemporel des Africaines. Ses innombrables vertus se déclinent en shampoings, huiles corporelles, baumes...

▸ *Autre adresse (assortie d'un spa) : 36, avenue d'Eylau (16e).*

Kabaco (maraboutique)

36, rue Polonceau, 18e. M° Barbès ou Château-Rouge.
Ouvert tous les jours de 10h à 19h.

Deux options : si vous êtes branché non-stop sur Radio Bois Patate (la rumeur), vous vous dirigerez d'office vers les brosses à dents en bâton de *swak*, le *Congoli* (aphrodisiaque féminin) ou les cornes de vache "ritualisées" (propres à retenir les femmes à la maison). Si vous êtes un *toubab* curieux, on vous dira vaguement que les feuilles séchées, là, ce sont des plantes aux vertus médicinales, que ces grosses boulettes noires malodorantes font usage de savon ou que ces carapaces de tortue sont purement décoratives, rien de plus. Passez votre chemin... Vous êtes, vous l'aurez compris, chez un apothicaire vaudou, fournisseur officiel des marabouts en ingrédients et fournitures de base : racines, branches, crins et fils de coton pour fabriquer des gris-gris et résoudre les blacks micmacs.

Goûts et saveurs

Se pâmer devant un chasse-mouches dogon est une chose, s'aventurer dans un *kedjenou* (ragoût de limaces) ou un *tiep* ultra-épicé en est une autre ! Méconnue, la cuisine africaine mérite un safari culinaire. Ses saveurs puissantes et ses recettes élaborées à partir d'ingrédients insolites vous déboussoleront en moins de deux.

Les recettes du continent noir jouent sur une même gamme : poissons du golfe de Guinée (cuisinés à la braise ou fumés) et viandes grillées, rôties ou braisées. Ne vous attendez pas à trouver sur les tables parisiennes de la "viande de brousse" (porc-épic, crocodile, boa, singe ou hippopotame) : ces espèces consommées au pays sont interdites d'importation par les services vétérinaires. Certes, quelques kilos made in savane circulent sous le manteau pour l'usage personnel de quelques audacieux, mais aucun restaurateur ne se risquera à en afficher sur sa carte. Contentez-vous de bœuf, de chèvre ou de poulet apprêtés en sauce avec force gingembre, coco et arachides. Les plats s'accompagnent de mil (en couscous dans la cuisine sénégalaise et ivoirienne), de sorgho, de manioc, de maïs, de riz concassé, d'ignames, de bananes plantains ou de patates douces. Ils s'assaisonnent copieusement de cube Maggi, import colonial présent sur les tables sous forme d'arôme en flacon.

Mais si les bases sont identiques, chaque ethnie revendique sa propre cuisine. La gastronomie du golfe de Guinée est surreprésentée grâce à une importante communauté francophone dynamique et ouverte, en particulier sénégalaise, camerounaise et ivoirienne. Pas de problème donc pour goûter aux trois leaders sénégalais : le *tiep bou dienn* (riz au poisson arrosé d'un bouillon de légumes épicé), le *mafé* (ragoût de bœuf, de poulet ou de mouton à la pâte d'arachide) et le poulet *yassa* (mariné dans du citron vert et braisé).

La cuisine ivoirienne est l'une des plus généreuses et des plus originales d'Afrique noire : *attieké* (semoule de manioc cuite à la vapeur) et *foutou* (purée à base de céréales ou de féculents) en sont deux basiques.

Les restaurants capverdiens – lusophones – mêlent saveurs portugaises, brésiliennes et bantoues : *bacalhau* (morue), *feijoada* (ragoût de haricots noirs, de viande et de farine de manioc) et *cachupa* (pot-au-feu à base de haricots, de maïs, de pois secs, de patates douces et de porc).

Les cuisines malienne, béninoise, nigérienne, guinéenne ou congolaise sont en revanche beaucoup plus discrètes (ces communautés vivant davantage sur elles-mêmes et pratiquant leur tambouille en famille). Quant aux spécialités sud-africaines, burkinabaises, dahoméennes ou tanzaniennes, elles sont proprement introuvables à Paris.

Quand un plat débute par un n' ou un m', vous pouvez parier qu'il est camerounais : *n'dolé* (épinards amers aux arachides, assortis de bœuf, de poisson fumé, de crevettes ou de morue), *n'gondo* (pâte de graines de courge mêlée de bœuf et de poisson), *m'bongo chobi* (capitaine nappé d'une sauce noire à base d'écorce brûlée, râpée et épicée, au goût mi-réglisse mi-fenouil).

▸ Marchés et épiceries

Casa Cabo Verde

69, rue de Rochechouart, 9e. M° Cadet. Tél. 01 42 81 18 18.
Ouvert le lundi de 14h à 19h et du mardi au samedi de 10h à 19h.

Ce comptoir aux allures de hangar de dock approvisionne les Capverdiens exilés en denrées vitales : *bolache* (Petits Lu locaux), conserves de thon du Cap-Vert (réputé), *ponche melande* (grog pays au rhum et au miel de canne à sucre). CCV est aussi et surtout un lieu de rencontre de la communauté. On s'y donne des nouvelles de Cesaria Evora, on commente le dernier tournoi de *bisca* (cartes) ou on salive sur la prochaine soirée dansante Cabo Love annoncée par flyer (il n'y a pas un samedi sans bal capverdien, souvent en banlieue). Pour cultiver la *morna* – ce blues emblématique du Cap-Vert – quelques CD de dépannage (Tito Paris, Boy G. Mendes).

COMMERCES DU QUARTIER DE CHÂTEAU-ROUGE

À la sortie du métro Château-Rouge (18e), une fois franchi le sas des distributeurs de bristols de marabouts, c'est la plongée au cœur de Bamako, Conakry, Yaoundé et Tombouctou réunis !

• Commencez la tournée des primeurs **rue des Poissonniers** (leur concentration est extrême dans la portion comprise entre les rues Myrha et Doudeauville). Sur les étals, des végétaux extraterrestres : aubergines blanches, légumes feuilles, régimes de bananes plantains (vertes, mûres ou blettes), racines de manioc, tubercules (ignames à peau brune, patates douces à peau violacée), gombos (qui donnent un aspect gluant aux recettes), pois d'Angola… Mieux vaut marchander pour gagner les faveurs des marchands.

• Pour trouver des poissons frais, quittez la rue des Poissonniers pour le **marché de la rue Dejean**. Sur les étals luisants d'écailles, les poissons frais du golfe de Guinée, parés pour la braise ou la friture : capitaines, tilapias, silures, poissons-chats, *thiofs* (mérou), sompattes, machoirons, coqs rouges…

• Les amateurs de coqs vivants iront les négocier sur pied au **n° 42 de la rue Myrha**, chez Volailles vivantes.

• La **rue Doudeauville** abrite des mini-épiceries ivoiriennes (aux nos 59, 66 et 68). À côté des produits d'alimentation basiques (huile de palme, sauce graine en conserve, sauce Villageoise sous-titrée “le bon goût du village”…), on y trouve des escargots géants, des crabes vivants et autres bestioles à la limite de l'espèce protégée. Dans les supérettes plus vastes (Maison d'Afrique et Tout Kin, pour Kinshasa, nos 78 et 82, rue Doudeauville), ce n'est pas la variété mais la quantité du stock qui fait la différence. Sacs de semoule et de haricots format familial, poissons ambassades surgelés, capitaines séchés, sirops de *bissap* et de gingembre, bières blondes de la côte ouest (à base de mil et de sorgho).

Merry Monk

87, rue de la Convention, 15e. M° Boucicaut. Tél. 01 40 60 79 54.
Ouvert du lundi au vendredi de 10h à 19h, le samedi de 11h à 19h.
Des gourmandises sud-africaines raffinées, dans une épicerie fine british : *Intaba tea* (infusion rouge d'herbes du bush au parfum de fenouil ou de citronnelle), marmelades (groseilles du Cap, nèfles, tomates), fleurs de nénuphar en conserve (pour soupe, gratin, salade ou flan, au goût mi-cresson mi-artichaut), biscottes anisées Bokomo, chutney tamarin-cacahouètes, kits d'épices pour plats indigènes *(boboli, breyani)*.

▸ Traiteurs

Gandiole

34 ter, boulevard Saint-Marcel, 5e. M° Saint-Marcel. Tél. 01 47 07 30 34.
www.teranganet.com
Ouvert du lundi au samedi de 11h à 21h30.
Consultez l'oracle des *cauris* pour choisir entre *mafé* sénégalais (servi avec du riz jaune d'or), *saka saka* zaïrois (poisson, feuilles de manioc et huile de palme), *gboma* togolais (bœuf aux épinards amers et à la poudre d'amandes)… 9 € la portion. N'oubliez pas les brochettes de bananes plantains (1 €) ! Retrouvez tous ces plats cuisinés chaque dimanche matin sur les marchés Monge (5e) et Richard-Lenoir (11e).

▸ Restaurants

Bien que les restaurants africains de Paname se comptent par dizaines (environ 200), dénicher une bonne étape relève de la traque au dahu ! Existence volatile, ouverture nocturne et aléatoire, esthétique fantomatique et service indolent. Les maquis ou circuits (bouis-bouis un peu borgnes) pullulent mais ne convainquent pas pour autant les *toubabs*, réticents à s'incruster dans un pur QG où ils font figure d'extraterrestres. Seuls les amateurs de plans *roots* s'en délectent…
Le mode d'emploi d'un resto afro est simplissime : en Afrique, on ne mange ni entrée ni dessert (un fruit à la rigueur), on se concentre sur le plat, forcément copieux (et souvent grassouillet).

→ Cameroun

La Jungle Transafric — €€€

15, rue d'Aboukir, 2e. M° Sentier. Tél. 01 45 08 54 17.
www.la-jungle.com
Ouvert lundi à vendredi de 8h30 à 2h, samedi de 16 h à 2h.

Si un vieux vélo entortillé d'une moumoute léopard stationne devant la porte, c'est bon signe : Georges de la Jungle est dans les parages ! Ce petit-fils du roi Happy, chef d'une dynastie de l'ouest du Cameroun, règne sur un mini-empire dans le quartier des Halles. Cette jungle est Transafric, parce que toute la diaspora afro s'y retrouve, celle de la brousse, celle des Caraïbes et les cousins des States. 4 espaces, 4 feelings : bar cotton-club, salle savane (peaux de bêtes, murs cannelle, masques primitifs), entresol Manhattan (fresque de jazzman sur fond de gratte-ciel) et la chefferie traditionnelle en terre battue à l'étage, en hommage aux ancêtres en général et au grand-père de Georges en particulier. Dans cette hutte mezzanine de luxe, on mange au ras des tapis, allongé sur des chaises sculptées camerounaises. Après le fameux lait de panthère maison (recette top secrète protégée par les ancêtres !), faites la peau au poulet DG (pour directeur général).

Compter 15 €, cocktails à partir de 7 €. Réservation conseillée.

Chez Régine — €€

14, rue Mercœur, 11e. M° Voltaire. Tél. 01 43 79 20 28.
Fermé samedi midi et dimanche midi.

Bel effort d'atmosphère ! La paillote luxuriante de Régine s'est parée de cieux tropicaux. Dans les assiettes, c'est du sérieux, régional à souhait : *koki* (purée de pistaches et d'huile de palme rouge emmaillotée dans une feuille de bananier) et *kondré* (ragoût de chèvre aux bananes plantains), typiques de l'ouest du Cameroun. À accompagner de *miondo* gélatineux (bâtonnets de pâte de manioc, au goût de cassis) et d'un vin de palme.

Menus à 9 € (midi) et 16 €.

Le Privé **€€**

24, rue Guy-Môquet, 17e. M° Guy-Môquet. Tél. 01 53 31 04 08.
Ouvert tous les jours midi et soir.

Au bout de trois minutes à peine, je parie que la patronne ou sa fille auront réussi à vous parler de Roger Milla, idole du football camerounais ! Abandonnez toute velléité de dîner intime dans cette vaste cantine vert d'eau où le ballon rond est superstar (maillots fétiches, stickers, fanions...). "Ici, on fait tout bien ! affirme la mater. On fait bien le poisson braisé avec la sauce aux cahouètes comme là-bas, le *n'dolé* de crevettes, le poulet DG..." Les clients, 100 % Camer', n'opposent aucun démenti, ils ont la bouche pleine !
Menus de 10 € à 15 €.

Le Lion Indomptable **€€**

86, rue de la Réunion, 20e. M° Alexandre-Dumas. Tél. 01 44 93 04 09. www.aulionindomptable.com. Ouvert tous les soirs de 19h30 à 2h.

Le Lion Indomptable est une équipe de foot camerounaise dont le boss est un fieffé supporter. Entre deux matchs, il mitonne des *n'gondo* et des *m'bongo* de derrière les poteaux à faire rugir de plaisir les fauves du 20e. Déconcertant capitaine en sauce noire parfumée aux écorces, servi dans un bout de bois et accompagné de *foufou* (manioc gélatineux comme du tapioca). Vous calez à la seconde mi-temps ? Demandez un doggy bag !
Compter 30 €. Salle voûtée au sous-sol et expos régulières d'artistes camerounais.

→ Sénégal

Chez Dom **€**

34, rue de Sambre-et-Meuse, 10e. M° Belleville. Tél. 01 42 01 59 80.
Ouvert tous les soirs sauf lundi et dimanche.

Révisez avec miss Dom vos classiques créoles et sénégalais dans une petite salle de classe à la déco soignée : tables d'écoliers en bois, cartes géographiques d'époque Jules Ferry et rideaux de porte en lanières de plastique. Pastels (chaussons de poisson), poulet *yassa, mafé, tiep* et gratin de banane. Bon point pour le jus de gingembre frais et la collection de rhums traîtreusement "arrangés".
Environ 15 €.

Dibi €

46, rue Polonceau, 18e. M° Château-Rouge. Tél. 01 42 57 77 78. Ouvert de 12h à 22h (jusqu'à minuit le samedi).

Dites "dibi" à un Sénégalais et vous le verrez aussitôt saliver comme s'il avait mâché de la farine de manioc trop fermentée ! La nostalgie des "dibiteries" (snacks à grillades) du village est très forte, insoutenable pour certains. Habib sert dans sa cahute des *chawarmas* exactement comme là-bas, aux saveurs hot copiées-collées. ("Ceux des Grecs, c'est de la rigolade à côté : pas assez épicé, pas assez d'ingrédients.") On raconte même que des Sénégalais de Marseille confient régulièrement une cagnotte à l'un des leurs, avec la mission de faire l'aller-retour en TGV dans la journée pour leur ramener des *chawarmas* du Dibi de Paris (4 €) !

→ Côte d'Ivoire

À la Banane Ivoirienne €€

10, rue de la Forge-Royale, 11e. M° Ledru-Rollin. Tél. 01 43 70 49 90. Ouvert mardi à samedi de 19 h à minuit.

Une paillote souterraine rikiki à fréquenter de préférence le vendredi, jour de spectacles hauts en couleur, durant lesquels la cave s'anime de griots mandingues, conteurs, danseurs, chanteurs et autres joueurs de *kora* (harpe-luth) et de *balafon* (sorte de xylophone). Un cocktail Polygame vous décoincera. Des spécialités ivoiriennes l'épongeront. *Attieké* (semoule de manioc cuite à la vapeur), *aloko* (dés de banane plantain frits), *foutou* d'igname sauce graine et glace à la banane aspergée d'alcool de palme.

Menus à 17 €, 20 € et 23 €. Réservation conseillée.

→ Cap-Vert

Mam'Bia **€€**

9 bis, cour des Petites-Écuries, 10e. M° Strasbourg-Saint-Denis.
Tél. 01 47 70 97 85. www.mambia.com
Ouvert tous les jours midi et soir.

Les sympathiques mamas de Mam'Bia ont autant de charisme que Cesaria Evora. Comme elle et avec un sourire grand comme ça, elles se veulent les ambassadrices de l'archipel des îles du Cap-Vert, situé à 500 km des côtes sénégalaises. Cela commence par la cuisine, avec son défilé de *catchupa* (ragoût de viande et de maïs), de travers de porc au caramel et de poulet braisé. Cela continue au travers d'animations variées. Il se passe toujours quelque chose ici : expo-vente d'objets africains, concerts de musiciens capverdiens ou de jazzmen créoles, cours de danse ou de langue cap-verdienne...
Menus à 12 €, 16 € (midi), environ 20 € à la carte.

La nuit africaine

L'engouement des Parisiens pour les *vibes* africains a beau être retombé par rapport à ce qu'il était dans les années 1980, Paris demeure la capitale européenne en matière de fête à l'africaine. Le gisement des soirées est inépuisable : grande nuit du *zouglou*, bal mandingue, concert lusafricain, festival Africolor... Flyers à surveiller sur les palissades des quartiers afro. Au royaume des blacks clubs, beaucoup de sape lovers tirés à quatre épingles, reluquant sous leur casque de Pento (gomina) des blackettes musclées au *zouglou* et au *n'dombolo* (danses ivoirienne et zaïroise). Mais où exactement ? Les boîtes blacks sont légion, certaines penchent vers les Antilles, d'autres ont une dominante musicale purement africaine. L'Atlantis (32, quai d'Austerlitz, 13e) mêle les cadences camerounaises, zaïroises ou ivoiriennes. Le Babylone Bis (34, rue Tiquetonne, 2e) abreuve, nourrit et remue jusqu'à l'aube les insomniaques de tous poils. Le Keur Samba (79, rue La Boétie, 8e) vise plutôt les diplomates, la jet-set afro et les *nanas benz* (surnom, au Congo, des femmes riches qui roulent en Mercedes Benz avec chauffeur).

▸ Bars

La Jungle

56, rue d'Argout, 2e. M° Sentier. Tél. 01 40 41 03 45.
Ouvert tous les jours de 10h à 2h (de 16h à 2h le week-end).
Prenez un ancien bordel fermé depuis des lustres. Sans toucher au plafond classé (orné de moulures rococos et de fresques suggestives édulcorées par la nicotine), remplissez la petite salle de tables zébrées, de mobilier Mobutu de récup' et de loupiotes disparates. Rameutez quelques griots, une poignée de musicos et faites couler à flots le Lait de Panthère, le Guerrier Masaï et la Gazelle Allumée... Vous obtenez une afro-cantoche chic où viennent s'abreuver les fauves de Montorgueil. L'été, elle dégouline en terrasse de charme sur la rue piétonne. Soirées "musicosophiques" le mercredi soir à 21h (débats interactifs, musique, danse et conte africain autour d'un thème philo), concerts le vendredi et griots shows à l'occasion. Cocktails à foison, à partir de 5 €.

Jokko

5, rue Elzévir, 3e. M° Saint-Paul. Tél. 01 42 74 35 96.
www.cso.fr
Ouvert du mardi au dimanche de 17h30 à 0h30.
Le Jokko ("lien, union" en wolof) est le dernier-né du sympathique empire de Valérie Schlumberger (à la tête de la CSAO et du Petit Dakar. La rue Elzévir transformée en chic Sénégal-sur-Seine, c'est elle !). Sous le parrainage de Youssou N'Dour himself, ce bar-galerie enchaîne expos, dédicaces, soirées théâtre ou contes et surtout concerts (10 €). A Yoo, Pape Djby Ba et Prince Roro sont déjà passés par là... Mais il vaut le détour rien que pour son mobilier extravagant en tôle percée et rails réformés (signé Baay Xaamy Sene) et son éclairage antigaspi (plafond étoilé de bidules argentés et guirlandes de lampions de récup'). 10 € le cocktail à base de jus de gingembre frais, de *bissap* ou de *bouye* (fruit du baobab). Vous avez de l'énergie à revendre ? Venez le mercredi (de 18h à 20h) et le samedi (de 10h à 12h et de 16h à 18h) pour suivre les cours de danse et de chant africain traditionnel, au rythme de percussions live.

Impala Lounge

2, rue de Berri, 8e. M° George-V. Tél. 01 43 59 12 66.

Ouvert tous les jours de 9h à 2h (3h mercredi et jeudi, et 5h vendredi et samedi).

L'Afrique chic des safaris en saharienne griffée couture, des explorateurs de savan'lounges tout confort... Nostalgie *Out of Africa* dans les masques ébène, les trophées de gazelles (impalas), les fauteuils coloniaux rembourrés de coussins zébrés, tigrés ou léopardés taillés dans la bête. Oubliez les plats aux noms folklos d'inspiration afro (brochettes d'autruche sauce zouloue fire, gâteau Kilimandjaro) et venez plutôt pour siroter un cocktail aphro Remède à la Virilité (à la liqueur de bois-bandé) en écoutant un griot joueur de *kora* et de *balafon* le lundi, un live de musique africaine traditionnelle le mardi ou un mix de groove le vendredi.

10 € le cocktail.

2

À l'est de l'Afrique

Éthiopie

Yémen

ÉTHIOPIE

Les quelque 1 000 Éthiopiens de Paris sont arrivés dans les années 1960-1970, fuyant le régime stalinien du colonel Mengitsu puis la grande famine de 1977. Il faut leur ajouter les nombreuses femmes éthiopiennes qui ont épousé des militaires français rencontrés en service à Djibouti (ville de garnison à la frontière éthiopienne).

Question de culture

▸ Centres culturels

Espace Reine de Saba

30, rue Pradier, 19e. M° Buttes-Chaumont ou Pyrénées.

Tél. 01 43 57 93 92 – www.espacereinedesaba.org

Ouvert du mardi au dimanche de 14h30 à 18h30.

Dans l'esprit de Théodore Monod, le fondateur du lieu, une équipe de passionnés se met en quatre pour vous donner envie d'explorer la corne de l'Afrique. Expos, conférences, soirées musicales ou culinaires s'enchaînent autour du Yémen, de l'Éthiopie, de l'île de Socotra, de Djibouti ou de la mer Rouge. À la boutique, des bijoux, des *jambias* (poignards yéménites), des vitraux, de l'encens, de la résine de Draceana, des châles, de la myrrhe, de la cannelle de Malabar et des ouvrages pour préparer son voyage… Vous siroterez un moka ou un thé girofle-cardamome dans le *mafraj* (salon yéménite traditionnel), à l'ombre de plantes yéménites acclimatées. Participation variable selon les activités (4 € pour les expos).

Maison d'Éthiopie ♥

3, rue Copreaux, 15e. M° Volontaires. Tél. 01 43 06 20 59.
Ouvert du lundi au samedi de 11h à 19h.

Une échoppe de quelques mètres carrés, mais bourrée de produits et de projets. Depuis son ouverture (fin 2001), les Éthiopiens de Paris se jettent sur *l'enjera* toute prête (expédiée 2 fois par semaine d'Addis-Abeba), le blé moulu pimenté, le beurre éthiopien, la bière Harar, le *tedj* (hydromel à base de miel, de sucre et d'herbes), les cafés et la dînette qui va avec (cruche, tasses et brasero). Artisanat aux couleurs de l'Éthiopie (les mêmes que celles du reggae) : textiles, croix éthiopiennes, parchemins coptes, tongs à *cauris* et *haguelquele* (outre en peau de vache à utiliser, comme les nomades, en panier pique-nique).

À découvrir absolument : les CD de la collection "Éthiopiques" qui compilent les perles de la musique éthiopienne moderne (pop cuivrée, groove inouï, swing abyssin du grand Mahmoud Ahmed). Cours d'amharique (cette curieuse langue éthiopienne dont les caractères ressemblent à de petits bonshommes en mouvement) chaque mercredi après-midi dans la boutique. La Maison d'Éthiopie se transforme parfois en "toukou à palabres" (soirées à thème avec concert, repas traditionnel et défilé de mode) dans son restaurant adjacent. C'est le cas autour du 11 septembre, date du Nouvel An éthiopien (les Éthiopiens marchent au calendrier grégorien : en 2007, ils sont encore en l'an 1999 !).

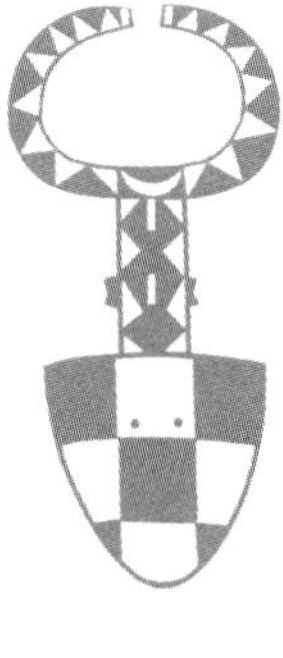

Goûts et saveurs

La cuisine éthiopienne est un cas particulier dans le paysage gastronomique africain. Chaque repas est soigneusement ritualisé, du *gorcha* à la cérémonie du café. Le *gorcha* désigne la dînette des convives dans un grand plat commun posé sur le *messob* traditionnel (guéridon bas en vannerie). On s'assoit autour du *messob*, on attend que l'hôtesse passe avec son aiguière pour se laver les mains (avant et après le repas), puis on pioche avec les doigts dans le plat commun à l'aide d'une portion *d'engara* (grande galette à base de *teff*, une céréale proche du mil, qui sert à la fois d'assiette, de couverts et de pain). Un conseil : commandez un plat individuel et non un assortiment à partager en commun si vous n'êtes pas sûr de l'hygiène de vos commensaux !

La cérémonie du café est l'autre grande institution gastronomique. Au pays mythique des Rastafaris (qui produit quelques-uns des meilleurs arabicas du monde), il est consommé 5 fois par jour et en 3 tournées chaque fois. Sa préparation est une cérémonie très codifiée qui se déroule devant les invités : le café vert est d'abord grillé, puis les grains sont pilés au mortier. La poudre obtenue est savamment transférée dans le djebena (petite cruche ronde au long col) posé sur un brasero. Les grains de café torréfiés et les granulés d'encens qui se consument produisent un parfum envoûtant.

▸ Restaurant éthiopien

Godjo **€€**

8, rue de l'École-Polytechnique, 5e. M° Maubert-Mutualité.
Tél. 01 40 46 82 21 – www.godjo.com
Fermé lundi midi.

Ce *godjo* (hutte de fermier en langue éthiopienne) perché sur la montagne Sainte-Geneviève mêle l'art et les (mauvaises) manières. Ici, on a le droit et le devoir de manger avec les mains à même le plat (une sorte de tajine en osier). Pour les boulettes épicées, ça va ; pour les mousses de lentilles ou de pois chiches, ça se complique. Il s'agit de jouer habilement des pinces avec *l'engara* (galette-cuiller). Final sur un gâteau aux épices et un moka d'Éthiopie.

Menus à 12 € (midi) et 16 € (végétarien). Compter 22 € à la carte.

Entoto **€€**

145, rue Léon-Maurice-Nordmann, 13e. M° Glacière. Tél. 01 45 87 08 51. Ouvert lundi à samedi de 19h30 à 23h.

Pour un banquet raffiné digne de l'empereur Ménélik, visez cette véritable ambassade gastronomique. Si vous hésitez entre la mousse de lentilles roses, la purée de potiron épicée, les tripes d'agneau à l'éthiopienne et le bœuf épicé mariné, demandez un *beyayenetou* (assortiment de plats typiques qui permet de goûter un peu à tout). Allez-y mollo sur le *berbéré* (poudre d'épices et de piments) et le *mitmita* (fort piment éthiopien), sous peine d'engloutir tout le stock de *dabo* et *d'embacha* (pains éthiopiens).

Prévoir 30 € (réservation conseillée).

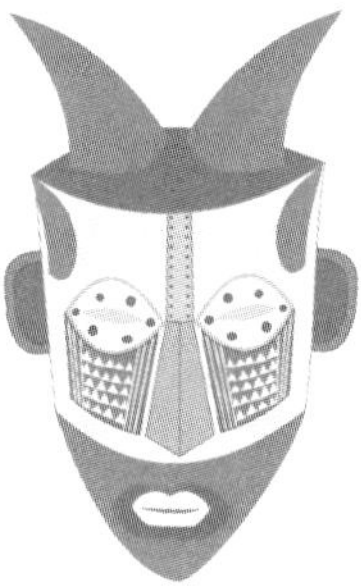

Habesha **€€**

19, rue Copreaux, 15e. M° Volontaires. Tél. 01 43 06 09 42. Fermé dimanche.

Le restaurant de la Maison d'Éthiopie est un modèle du genre : microscopique, il accueille une demi-douzaine de tables (basses), chacune dissimulée derrière un petit paravent. Si vous hésitez entre le plat végétarien, le ragoût d'agneau, de poulet et de bœuf épicé mariné, demandez l'assortiment qui permet de goûter à un peu tout. Et faites couler avec une Harar Bira (bière de la ville d'Arthur Rimbaud) ou un verre de tej (hydromel) La fameuse cérémonie du café est programmée le samedi à 22 h.

Menu à 12 € (midi), environ 20 € le soir.

YÉMEN

▸ Restaurant yéménite

Espace Reine de Saba **€€**

30, rue Pradier, 19e. M° Buttes-Chaumont ou Pyrénées.
Tél. 01 43 57 93 92. www.espacereinedesaba.org
Certains samedis, à 20h.

En l'absence de tout restaurant yéménite à Paris, c'est votre seul espoir de saucer la *shorba adas* (soupe de lentilles) avec un bout de *mullawa* (grande galette) et de goûter au *fata* (fameux dessert à base de pain, de banane écrasée et de miel, pris en début de repas) ! L'Espace organise de temps à autre des soirées culinaires yéménites ou éthiopiennes. Après une présentation de l'art culinaire local (ingrédients, épices, recettes) et un topo sur la société et la famille yéménite, vous serez invité à déguster un repas à la mode du pays, pour le moins... surprenante !

Participation : 30 €, réservation indispensable (20 personnes maxi).

3

Au nord de l'Afrique

Maghreb

Égypte

MAGHREB

L'immigration nord-africaine remonte à la Première Guerre mondiale. Des Algériens (en majorité des Kabyles), des Marocains et des Tunisiens – 250 000 hommes en tout – sont alors réquisitionnés par la France coloniale pour combattre aux côtés des troupes françaises ou remplacer dans les usines les ouvriers mobilisés. Ces soldats et ces travailleurs civils découvrent à cette occasion la société industrielle et sa richesse relative. La guerre terminée, ils sont nombreux à vouloir rester en France ou à y revenir, fuyant la misère et le colonialisme.

Au début de la Seconde Guerre mondiale, la France appelle à nouveau massivement des Nord-Africains pour grossir ses troupes et, à la fin du conflit, l'immigration sera vivement encouragée : le pays se reconstruit après la guerre et les besoins en main-d'œuvre (sidérurgie, mines, BTP) sont importants. Les hommes venus sans leur famille trouvent alors souvent à se loger dans des hôtels bon marché et des petits meublés de la Goutte d'Or. À partir de 1950, les regroupements familiaux amènent femmes et enfants. Les indépendances (1956 pour le Maroc et la Tunisie, 1962 pour l'Algérie) grossissent les rangs de la communauté nord-africaine de Paris.

Depuis 1991, date de l'interdiction du FIS après sa victoire aux élections législatives, de nombreux artistes et intellectuels algériens francophones sauvent leur vie en fuyant leur pays ravagé par la lutte armée. Paris est leur destination d'exil préférée. Le Printemps Noir de Kabylie, en avril 2001, déclenche un flux de réfugiés kabyles. On dénombre aujourd'hui à Paris intra-muros 43 000 Algériens, 27 000 Marocains et 26 000 Tunisiens (respectivement 196 000, 129 000 et 48 000 en Île-de-France), sans compter les beurs de la seconde génération, nés sur le sol français. Cette nouvelle génération, partagée entre deux cultures, est à la fois fidèle aux traditions de ses ancêtres et tournée vers les modes de vie occidentaux.

Les Parisiens n'ont pas attendu le XXe siècle et ses concerts de raï, ses cours de danse orientale et ses grandes expos à succès ("Le Temps du Maroc" en 2001, "L'Algérie" en 2003) pour se nourrir d'influences nord-africaines. L'occupation algérienne par les troupes françaises en 1830 alimente à l'époque un rêve oriental partagé par toute une génération de romantiques, de Victor Hugo à Gustave Flaubert (*Salammbô*, 1862), d'Alexandre Decamps (le plus populaire des orientalistes romantiques) à Théodore Chassériau et à Eugène Delacroix (qui s'embarque pour le Maroc en 1832). Le Maroc se révèle particulièrement attractif pour des écrivains comme Pierre Loti, Henri de Montherlant, Paul Morand ou Le Clézio. Henri Matisse et Yves Saint-Laurent y puisent le plus coloré de leur inspiration. La symbiose s'opère aussi au travers de personnalités comme Isabelle Adjani, Cheb Mami, Zinedine Zidane et Jamel Debbouze.

L'ORIENT À PARIS

• La Goutte d'Or (18e) est historiquement et démographiquement le premier quartier nord-africain de Paris. Il s'est peuplé entre 1946 et 1954 de travailleurs algériens d'origine kabyle. Depuis, le quartier est devenu afro-maghrébin, la rue Polonceau servant de frontière entre le secteur africain de Château-Rouge et le fief nord-africain de Barbès.

• Le haut de la rue Jean-Pierre-Timbaud (11e) est le secteur des musulmans fortement pratiquants. C'est une véritable Mecque parisienne, un festival de piété. À partir du n° 100 jusqu'au boulevard de Belleville, des deux côtés de la rue, les commerces pour islamiques affamés ou érudits sont à touche-touche. Boulangerie orientale, taxiphone, coiffeur arabe, boucherie halal (bêtes abattues selon le rite musulman), tripier (sans porc), association d'assistance musulmane, boutiques de prêt-à-porter pour femmes musulmanes (avec mannequins en tchador sur le trottoir et vendeuses voilées chez Lafi, au n° 106). Il n'y a pas moins d'une demi-douzaine de librairies islamiques qui vendent des Coran richement reliés et la panoplie de prières qui va avec, des pendules-Mecque avec heures de prière incorporées, des puzzles mosquée et des posters à punaiser rappelant "les invocations du petit musulman". Ambiance…

Question de culture

▸ Centres culturels

Institut du monde arabe (IMA)

1, rue des Fossés-Saint-Bernard, 5e. M° Jussieu ou Cardinal-Lemoine. Tél. 01 40 51 38 38 (standard) ou 01 40 51 38 11 (serveur vocal). www.imarabe.org. Ouvert tous les jours sauf le lundi de 10h à 18h.

L'IMA embrasse le monde arabe, ancien et contemporain, intellectuel et artistique. Le paquebot de verre et d'aluminium, signé Jean Nouvel, est bourré de clins d'œil architecturaux à la tradition orientale : *ryad* (cour intérieure), *ziggourat* de la tour des Livres (inspirée de la tour de Samarra en Irak), salle hypostyle au sous-sol et moucharabiehs new look sur la façade sud. Ces traditionnels grillages en dentelle de bois ont une double fonction en Orient : ils protègent du soleil tout en permettant aux femmes des harems de voir sans être vues. Ici, ils ressemblent à des diaphragmes d'appareils photo, qui s'ouvrent et se renferment dans un léger cliquetis en fonction de la luminosité, captée heure par heure à l'aide de cellules photoélectriques. Guettez la "réactualisation" simultanée de ces 1 600 "yeux métalliques", c'est un spectacle captivant !

Ce véritable "pont culturel" entre l'Orient et l'Occident fut créé conjointement en 1980 par la France et les 22 États de la Ligue arabe (de l'Atlantique au golfe Persique). Leur point commun ? La langue, et non pas la religion. À l'intérieur, un musée d'art arabo-musulman, une librairie, une bibliothèque, un espace Image et Son, un café, deux restaurants et une vaste terrasse panoramique. L'offre culturelle est particulièrement riche : spectacles (musique, danse et théâtre), cycles de cinéma arabe, jeudis débats, mercredis littéraires, cours de langue et de civilisation… Les grandes expos temporaires sont remarquables et très courues (prenez votre billet à l'avance pour éviter l'attente). Les enfants adorent les ateliers de calligraphie et les séances de contes orientaux où ils écoutent, sages comme des enluminures, des récits de djinns et de princesses.

Centre culturel algérien

171, rue de la Croix-Nivert, 15e. M° Félix-Faure ou Boucicaut.
Tél. 01 45 54 95 31. www.cca-paris.com
Ouvert du lundi au samedi de 9h à 17h30 (coupure de 13h à 14h pour la bibliothèque).

Dans un bâtiment aux lignes orientales stylisées se déroulent expos, rencontres littéraires, conférences, projections de films et concerts (variétés ou chants traditionnels). Entrée libre sauf aux concerts (13 €). La bibliothèque possède 30 000 ouvrages sur l'Algérie et le Maghreb (documentaires, romans en VO ou traduits) et toute la presse algérienne (El Watan, Liberté, El Moudjahid). Le centre propose aussi des ateliers d'initiation à la musique arabo-andalouse et des cours de langue arabe et tamazight (berbère).

▸ Musées et conférences

Musée de l'Institut du monde arabe

1, rue des Fossés-Saint-Bernard, 5e. M° Jussieu ou Cardinal-Lemoine.
Tél. 01 40 51 38 38 (standard) ou 01 40 51 38 11 (serveur vocal).
www.imarabe.org. Ouvert tous les jours sauf le lundi de 10h à 18h.
Entrée : 4 €, tarif réduit : 3 €.

Un parcours chronologique permet d'appréhender dans son ensemble la riche histoire de la civilisation arabo-musulmane, qui s'est étendue des confins de l'Asie centrale jusqu'aux rivages de l'Atlantique. Les territoires conquis par les Arabes à la suite du prophète Muhammad furent le berceau de brillantes civilisations : Sumer et Babylone, l'Égypte des pharaons, les Phéniciens, les Perses achéménides, Parthes et Sassanides, l'Empire romain d'Orient… Un brassage culturel et des influences mêlées ont produit des œuvres métisses, impossibles à répartir par pays.

Musée du Louvre

99, rue de Rivoli, 1er. M° Palais-Royal-Musée-du-Louvre.

Tél. 01 40 20 50 50 – www.louvre.fr

Le département des Arts de l'Islam, créé en 2003, est le dernier-né des huit départements du Louvre. Il présente un millier d'œuvres du VIIe au XIXe siècle, destinées majoritairement à la cour ou à une élite fortunée, en provenance des terres d'islam du pourtour de la Méditerranée. Les objets (tapis, céramiques, armes) illustrent la grande richesse ornementale de l'art islamique, foisonnant de motifs floraux, géométriques ou épigraphiques (mais jamais de figures humaines ou animales, dont le Coran interdit toute représentation : chercher à imiter le créateur Allah serait prétentieux). Vous y verrez des kits pour parfait petit orfèvre et une ribambelle d'instruments scientifiques aux noms savants (flacons pharmaceutiques, astrolabes, sphères célestes, plaques talismaniques, miroirs magiques aux inscriptions propitiatoires, poids discoïdal).

Avant de partir, grimpez jusqu'à la section des peintures françaises (2e étage) pour admirer les œuvres orientalistes d'Eugène Delacroix, des scènes d'intérieur inspirées de son voyage au Maroc, en 1832 : *La Mariée juive de Tanger* (dessin, 1832), *Femmes d'Alger dans leur appartement* (1834), *Noce juive dans le Maroc* (1841).

La Rahla – Amicale des Sahariens

116, rue Damrémont, 18e. M° Lamarck-Caulaincourt.

Tél. 01 44 92 05 03 – http://larahla.online.fr

Le Sahara vous attire et vous passionne ? En guise d'antidote au blues du désert, venez écouter les conférences à thème saharien programmées par la Rahla ("selle de dromadaire" en arabe). Il y en a une dizaine par an autour de thèmes comme la bataille de Bir-Hakeim, la première traversée du Sahara en auto, la littérature saharienne... Elles se déroulent à l'espace Léopold-Bellan (64, rue du Rocher, 8e) et sont suivies d'un dîner convivial. Participation : 4 €. Petite bibliothèque spécialisée accessible le mercredi de 14h30 à 17h30 au siège de l'association.

▸ À voir

Que reste-t-il de la vague orientaliste qui a déferlé sur Paris de 1860 à 1900 ? Presque rien, quelques traces. Un brin de zelliges par-ci, une façade de stuc ciselé par-là... Rares sont les vestiges de l'âge d'or de l'architecture islamique.

Sous la monarchie de Juillet, tous les lieux de plaisirs à la mode (cafés, boudoirs et fumoirs, bals, bains) se devaient de proposer un décor d'Orient de pacotille voluptueux à souhait. Seule la façade de **l'ancien hammam** du 18, rue des Mathurins (9e), avec ses arches et ses polygones étoilés en fer forgé, évoque le souvenir de ces établissements, construits à la fin du siècle à la mode orientale.

Après 1900, la poussée du modernisme hygiéniste et l'apparition de la fée Électricité gomment la tendance ; l'orientalisme devient *has been*. Il faut attendre 1926 et l'inauguration de **la Mosquée de Paris** (voir ci-dessous) pour pouvoir admirer un authentique témoignage de l'architecture du Maghreb. **L'Institut d'art et d'archéologie** (3, rue Michelet, 6e) construit en 1927, est un cas particulier proprement inclassable. Ce monument de brique rouge sombre, tapissé de croisillons et couronné d'une rangée de flammes pointées vers le ciel, semble avoir poussé aux portes du désert, à moins que cet hybride du palais des Doges et de l'Alhambra n'ait été crépi d'ocre rouge par une tempête de sable !

▸ Lieux de culte

Grande Mosquée de Paris

2 bis, place du Puits-de-l'Ermite, 5e. M° Place-Monge.

Tél. 01 45 35 97 33 – www.mosquee-de-paris.org

Visites tous les jours sauf le vendredi (jour de la prière solennelle commune) de 9h à 12h et de 14h à 18h. Entrée : 3 € ; tarif réduit : 2 €.

Au début du XXe siècle, bien que l'État français reconnaisse l'islam et lui accorde son parrainage en Algérie, cette religion n'a toujours pas droit de cité en France. La seule initiative timide en la matière vient de la Ville de Paris qui ouvre en 1855 dans le cimetière du Père-Lachaise un carré musulman assorti d'une petite mosquée destinée aux rites funéraires (celle-ci a disparu depuis, mais il reste quelques tombes musulmanes à l'emplacement de l'ancien enclos dans la 85e division). Après 1918, la dette de reconnaissance contractée à l'égard des 100 000 musulmans morts pour la France pendant la guerre concrétise le projet, longtemps repoussé, de construction d'un lieu de culte musulman. En 1926, la Grande Mosquée pointe enfin son minaret.

Si l'on connaît la Mosquée de Paris, il existe 56 autres mosquées et lieux de culte abritant la ferveur des 16 000 musulmans parisiens. Parmi elles, trois seulement peuvent accueillir plus de 1 000 fidèles : la mosquée Adda'wa (39, rue de Tanger, 19e), celle de la rue Myrha (18e) et celle d'Omar (79, rue Jean-Pierre-Timbaud, 11e).

▸ Librairies et médiathèque

Plusieurs librairies arabo-musulmanes gravitent autour de l'IMA. Elles s'enfilent comme des perles le long de la rue des Fossés-Saint-Bernard et de la rue Jussieu, s'aventurant parfois sur le boulevard Saint-Germain ou cherchant l'ombre de la mosquée de Paris toute proche.

- Librairie Avicenne, 25, rue Jussieu (livres en français) et 30, rue des Fossés-Saint-Bernard (livres en arabe) (5e).
- Librairie de l'Orient, 18, rue des Fossés-Saint-Bernard (5e).
- Librairie Averroès, 7, boulevard Saint-Germain (5e).
- Librairie du monde arabe, 220, rue Saint-Jacques (5e).
- FNAR-ACL (librairie berbère), 28 bis, rue Daubenton (5e).
- Al Bustane (ouvrages majoritairement en langue arabe et accessoires de prière), 1, rue Larrey (5e).

Mais la plus agréable de toutes est sans doute celle de l'IMA : vaste, aérée et diversifiée.

Librairie de l'Institut du monde arabe

1, rue des Fossés-Saint-Bernard, 5e. M° Jussieu ou Cardinal-Lemoine.
Tél. 01 40 51 39 30 – www.imarabe.org
Ouvert tous les jours sauf le lundi de 10h à 18h.

Vous cherchez un ouvrage sur la peinture orientaliste, un manuel de calligraphie, un livre de recettes tunisiennes, une carte routière yéménite ? Vous y trouverez aussi des contes comoriens, des livrets de chants kabyles, des devinettes berbères, des proverbes arabes, des guides touristiques, des manuels d'us et coutumes, des méthodes de persan ou de dialecte égyptien, des vidéos, des CD classés par pays (raï algérien, *chaâbi* marocain, *chaouïa* typique de l'Est...) et un panel d'artisanat (céramiques, étoffes, cosmétiques orientaux).

Éditions berbères

47, rue Bénard, 14e. M° Pernety. Tél. 01 45 43 31 44.
Ouvert du mardi au vendredi de 14h à 19h et le samedi de 11h à 19h.
Les berbérophones et berbérophiles y dénicheront des recueils de poésie, des romans, des documentaires et des contes (en langue française et berbère), des vidéos, des CD (musiques chaouïas, kabyles, chleuhs, rifaines, touarègues...) et des revues comme *La Voix de la Kabylie*.

Médiathèque de l'Institut du monde arabe

1, rue des Fossés-Saint-Bernard, 5e. M° Jussieu ou Cardinal-Lemoine.
Tél. 01 40 51 38 38 – www.imarabe.org
Ouverte du mardi au samedi de 13h à 20h. Accès libre et gratuit.
N'hésitez pas à vous perdre dans la tour *ziggourat* en marbre blanc. Son immense rampe en spirale est tapissée de livres sur 7 étages. Grands textes de la culture arabe classique et contemporaine, méthodes de langues, fonds spécialisé sur le Maroc et 50 titres de quotidiens et de magazines, à feuilleter sous les jeux féeriques d'ombre et de lumière des moucharabiehs en mouvement. S'il fait trop chaud pour tourner les pages, réfugiez-vous à l'Espace image et sons (au sous-sol) pour regarder en direct Saoudi Channel 1, Bahreïn TV ou Abu Dhabi TV (20 chaînes en tout), pour écouter des morceaux de musique savante, des chants sacrés ou des tubes qui font swinguer les nomades. Les enfants ont eux aussi leur médiathèque, un espace ludique et pédagogique agrémenté de postes d'écoute de contes et de musiques arabes.

S'informer

▸ Presse

Les quotidiens algériens, marocains et tunisiens en langue française sont en vente dans la plupart des kiosques parisiens. Vous pouvez aussi les consulter gratuitement à l'Institut du monde arabe. Mais ne cherchez pas de revues communautaires annonçant les rendez-vous culturels : les cafés, restaurants et autres spots nord-africains n'en distribuent aucune.

▸ Radios

Beur FM (106.7 FM)

www.beurfm.net

LA radio-phare des Nord-Africains de France (Arabes, Berbères, Juifs, pieds noirs...) alterne musique et rendez-vous hebdos : *Bonjour maître* (infos sur le droit des étrangers, du travail), *Un Thé au Sahara* (interview d'une personnalité du monde du spectacle), *D'hier et d'aujourd'hui* (histoire de la musique orientale), *Rencontres berbères*... Les émissions sont en général en français, parfois en arabe ou en berbère.

Radio France Maghreb (99.5 FM)

www.radiofrancemaghreb.com

Radio de la communauté algérienne de France.

Radio Méditerranée (88.6 FM)

www.medi1.com

Cette radio généraliste marocaine alterne programmes musicaux (tubes orientaux et occidentaux) et journaux d'infos en français et en arabe (en alternance). Les Matinées Conseil (de 9h à 11h40) vous offrent parfois des recettes de cuisine.

Radio Orient (94.3 FM)

www.radioorient.com

Radio de la communauté arabophone et musulmane.

▸ Sites web

www.ibled.com

Sur le site de l'association Maghreb Culture, des bons plans de sorties, des adresses (cours de langue, de danse ou de musique, associations), la presse en ligne, des liens...

www.planet-dz.com

Le site de l'association PlaNet DZ met en vedette l'actualité culturelle nord-africaine en général et algérienne en particulier. Il annonce les spectacles, les concerts, les soirées contes, les festivals, les expos, les sorties de livres et de films...

www.marweb.com

Un moteur de recherche spécialisé sur le Maghreb. Pour être incollable sur la cuisine de Tebessa (Algérie), la musique judéo-arabe, l'actualité marocaine...

LES RENDEZ-VOUS

▶ 12-13 janvier : Yennayer

le nouvel an berbère est fêté dans tous les restaurants *amazigh* (littéralement "homme libre" en berbère) de Paris.

▶ Avril : anniversaire du Printemps berbère

Des festivités ont lieu chaque année pour commémorer de la date du 20 avril 1980, date à laquelle un livre de l'écrivain Mouloud Mammuni a été interdit par le gouvernement algérien ; une censure pure et simple de l'identité et de la culture kabyle qui a déclenché des émeutes sanglantes en Kabylie. Renseignements à l'association Tamazgha (47, rue Bénard, 14e) au 01 45 45 72 44 ou sur www.kabyle.com.

▶ Juin : Salon euro-arabe du livre

Le parvis de l'IMA accueille tous les deux ans cette manifestation qui réunit des éditeurs arabes ou liés au monde arabe. Au programme : rencontres, conférences, débats. Tarif : 16 €, tarif réduit : 13 €.

▶ Octobre-Novembre : le Maghreb des livres

Dans le cadre de Lire en fête, l'association Coup de Soleil transforme le temps d'un week-end les salons de l'Hôtel de Ville en plate-forme nord-africaine. Expos, concerts, rencontres, lectures de contes berbères, bédouins, tunisiens... Entrée libre. Renseignements au 01 45 08 59 38 ou sur le site remarquable : www.macite.net.

▶ Date fluctuante suivant les années : le ramadan

Le jeûne du ramadan (9e mois du calendrier lunaire) est l'un des cinq piliers de l'islam que se doivent de respecter les musulmans d'Oran, de Tanger ou de Belleville. C'est une véritable prouesse qui consiste à s'abstenir de boire, de manger, de fumer et de faire l'amour entre le lever et le coucher du soleil, et ce durant un mois entier.

Écouter, voir

▸ Rencontres, débats

Les Jeudis et les Mercredis de l'IMA

1, rue des Fossés-Saint-Bernard, 5e. M° Jussieu ou Cardinal-Lemoine. Tél. 01 40 51 34 68. www.imarabe.org

Les Jeudis de l'IMA, ces soirées de rencontres-débats autour de la civilisation arabe (à 18h30), sont très courus des initiés. Pas seulement parce qu'ils se déroulent dans la salle du Haut-Conseil (rotonde panoramique située au 9e étage) mais en raison de la qualité et de la diversité de ses intervenants et de ses thèmes (archéologie, poésie, littérature, musique, religion, philosophie, politique). Dans le même esprit, les Mercredis du Café littéraire organisent des rencontres avec des écrivains et des lectures autour d'un thé à la menthe, à 19h (rez-de-chaussée).

Galerie Tamurt

25, rue de Montreuil, 11e. M° Faidherbe-Chaligny. Tél. 01 44 93 36 55. Ouvert tous les jours de 12h à 19h.

L'hôte de Tamurt était jadis "guide culturel" en Kabylie. Mais la crise politique s'est aggravée (vers 1993-1996), engendrant une désertification touristique. Forcé à l'exil et désolé de ne plus pouvoir faire travailler les artisans de son cher pays, il décide d'ouvrir une "petite Kabylie" à Paris pour écouler les productions du terroir et faire découvrir l'Algérie autrement. À travers l'artisanat (colliers amulettes incrustés de corail, poteries), la littérature ou la musique (en vedette les CD de Lounes Matoub, le poète assassiné) mais surtout en multipliant les rencontres avec des peintres, des artisans, des chanteurs et des écrivains autour d'un buffet de spécialités offertes (plats typiques, galettes, vins d'Algérie). Restez branché sur Beur FM pour être informé des rendez-vous à venir.

▸ Spectacles

Espace B

16, rue Barbanègre, 19e. M° Corentin-Cariou. Tél. 01 40 37 30 29.
www.espace-b.com
Ouvert tous les jours midi et soir.

Ce bouchon B (pour Berbère) est un pur concentré de Kabylie. L'arrière-salle du troquet accueille chaque dimanche une animation à thème berbère (rencontres, débats, bals, concerts) et parfois des spectacles en semaine (participation : 8 €). Spécialités kabyles au menu (couscous à 9 €).

Association de culture berbère Tiddukla

37 bis, rue des Maronites, 20e. M° Ménilmontant. Tél. 01 43 58 23 25.
www.acbparis.org. Ouvert du lundi au samedi de 10h à 12h et de 14h à 19h.

Hyper-active, l'association Tiddukla organise dans ses locaux de Ménilmuche des rencontres littéraires (le premier mercredi du mois à 19h), des concerts de musiques traditionnelles kabyles, des chorégraphies de danses kabyles, *chaouïas*, touarègues ou marocaines, des spectacles de théâtre bilingues (franco-tamazight)... Elle célèbre les principales fêtes berbères annuelles comme *Yennayer* (le nouvel an berbère) vers le 12 janvier, la fête des Fleurs en mars et le Printemps berbère en avril. Elle propose aussi des cours de langue et de danses berbères (voir plus bas).

▸ Disquaires

Y a pas que le raï dans la vie musicale nord-africaine ! Même si ce rock populaire algérien qui chante l'amour et la joie de vivre est aussi connu que le loup blanc en Occident depuis le successfull Festival de raï de Bobigny (1986), il ne faut pas oublier le *chaâbi* marocain (musique populaire marocaine chantée et bien rythmée), la *chaouïa* (typique de l'Est algérien), le *gnawi*, le kabyle, la nouba, les lancinantes mélopées arabes, les vibrations rapides des *derboukas*, les extases soufies...

L'Étoile verte

1, rue Caplat, 18e. M° Barbès-Rochechouart. Tél. 01 42 64 04 44.
Ouvert tous les jours de 10h à 19h30.
À découvrir : Rachid Taha (le prince de l'arabo-techno), Najat Aatabou (la lionne de l'Atlas), Souad Massi (la princesse folk) et Mahmoud Gania (pilier des transes afro-maghrébines).

Comptoir du disque arabe

92, boulevard de Belleville, 20e. M° Belleville ou Couronnes.
Tél. 01 46 36 48 98.
Ouvert du mardi au dimanche de 10h à 12h et de 13h à 20h.
Des nouveautés, des grands classiques, des CD rares et des vidéos de films arabes sous-titrées : CD d'Hasmi (jeune musicien kabyle adulé des jeunes et mort assassiné en 1996), vidéo du show vitriol de Fellag (titi algérois gouailleur qui fait un tabac en France avec son spectacle comique) et film de l'inspecteur Tahar (farfelu Maigret local).

À vous de jouer !

▸ Cours de musique

École de musique orientale Michel Arkache

3, passage de la Moselle, 19e. M° Laumière. Tél. 01 42 41 07 07.
Ouvert du lundi au samedi de 14h à 19h30.
Cours individuels de *oud* (luth), de *nay* (flûte orientale), de violon et de guitare accordés à l'orientale. Tarif : 85 € par mois (instruments fournis), en raison d'un cours par semaine.

▸ Cours de danse orientale

Voir sous-chapitre Égypte.

▸ Cours de calligraphie

L'Aractère

35, rue Quincampoix, 4e. M° Rambuteau.
Tél. 01 40 26 11 43. www.comptoirdesecritures.com
Apprenez à manier le calame lors des cours de calligraphie arabe, un samedi par mois. Tarif : 132 € par trimestre (quatre séances de trois heures) + 30 € de cotisation annuelle.

▸ Cours de langue

Institut du monde arabe (IMA)

1, rue des Fossés-Saint-Bernard, 5e. M° Jussieu ou Cardinal-Lemoine. Tél. 01 40 51 38 67. www.imarabe.org

Pour jouer avec les sonorités rugueuses de la langue arabe, découvrir le sens de son écriture (de la droite vers la gauche) et épeler les 28 lettres de son alphabet, inscrivez-vous aux stages d'arabe littéral (lecture et écriture) ou dialectal (conversation en dialecte marocain ou égyptien). Tarif : 534 € par an (à raison de deux heures hebdo). Poursuivez l'exploration avec des cours de civilisation arabe.

Centre culturel algérien

171, rue de la Croix-Nivert, 15e. M° Félix-Faure ou Boucicaut. Tél. 01 45 54 95 31 – www.cca-paris.com

Ouvert du lundi au samedi de 9h à 17h30 (coupure de 13h à 14h pour la bibliothèque).

Cours de langue arabe et *tamazight* (berbère) et ateliers d'initiation à la musique arabo-andalouse. Tarif des cours : 244 € par an.

Association de culture berbère Tiddukla

37 bis, rue des Maronites, 20e. M° Ménilmontant. Tél. 01 43 58 23 25. www.acbparis.org. Ouvert du lundi au samedi de 10h à 12h et de 14h à 19h.

Cours de langue kabyle (46 € par an) et initiation aux danses traditionnelles berbères (77 € par trimestre). Plus 30 € d'adhésion annuelle.

DES BEURS DANS LE PETIT LAROUSSE

Sans le savoir, on utilise chaque jour des mots empruntés au vocabulaire arabe : du *café* matinal au verre d'*alcool* siroté dans une *alcôve* meublée d'un *sofa* ou d'un *divan*… Ce sont les savants arabes qui ont commencé à exporter dans l'Europe médiévale toutes sortes de mots en *al-* qu'ils employaient lors de leurs manipulations *alchimistes (alcool, alambic, algèbre, alcôve, algorithme…)*. Plus récemment, les pieds noirs ont apporté dans leurs bagages de pittoresques mots algérois *(bled, clebs, maboul, toubib, smala)*.

À offrir, à s'offrir

▸ Artisanat et Déco

On ne revient pas indemne d'un voyage au Maghreb. Après avoir arpenté les ruelles de la *médina* (vieille ville) de Marrakech ou les pavés de la *casbah* d'Alger, certains sentent monter en eux une passion pour la déco orientale et cherchent dès leur retour à reproduire dans leur maison l'atmosphère, les parfums, les saveurs, les couleurs, la douceur et l'art de vivre de là-bas. D'autres (comme la styliste Valérie Barkowski) s'inspirent du travail des tisserands pour créer leurs propres modèles. Les produits phares de l'artisanat nord-africain sont les lampes en peaux de chèvre ou de mouton décorées au *henné*, les photophores en fer-blanc ajouré, les plateaux de cuivre ciselés et la vaisselle en céramique colorée de Nabeul.

Deux Mille et Une Nuits

13, rue des Francs-Bourgeois, 4e. M° Saint-Paul. Tél. 01 48 87 07 07.
Ouvert tous les jours de 11h à 19h30.

Un véritable palais des mille et une nuits, insoupçonnable de la rue car en retrait au fond d'une cour. Fruit du rêve de Pauline Van Veen (une styliste hollandaise qui est tombée amoureuse d'un Marocain, puis du Maroc), cet espace métisse les cultures du Nord et du Sud. Il réunit des créations à thème oriental signées d'artistes et de designers du monde entier. L'ensemble forme une caverne d'Ali Baba chic et ludique. Tentures égyptiennes, voiles de gaze brodés d'arabesques dorées, verres colorés, assiettes bleu nuit et or, tajines turquoise incrustés d'argent, lampes d'Aladin… Pour meubler votre loft oriental, des coffres incrustés de nacre et d'os de chameau, des paravents moucharabiehs en cèdre, des lits de princesse en arabesques de fer forgé… Splendide, moderne et haut de gamme.

Maison franco-orientale

19, rue Daubenton, 5e. M° Censier-Daubenton. Tél. 01 47 07 07 57.
Ouvert tous les jours de 11h à 19h (à partir de 12h le dimanche).

Un souk plein à craquer de bimbeloteries marrakchies avec la bonne odeur de cuir tanné qui va avec. Lampes en peau, coupelles en céramique cerclées de métal, verres à thé parcourus de dorures serpentines (3 €), tentures aux couleurs chaudes, narguilés, *ouds*, romantiques cages boules blanches et turquoise de Sidi Bou Saïd, cannes de danseuses orientales, foulards à sequins, djellabas, bonnets de prière en crochet, *tarbouches* à pompons, *keffiehs* "Arafat", turbans de touaregs et babouches basiques par milliers. Le minaret au coin de la rue ? Non, ce n'est pas celui de la Kutubiyya de Marrakech mais celui de la Grande Mosquée de Paris. Avant une hammam party, faites ici le plein de savon noir, de *kassa* (3 €), de pochoirs pour tatouages au henné et de *khôl*. Un bémol : l'accueil réfrigérant.

Nina Bazar

55, boulevard de Belleville, 11e. M° Belleville. Tél. 01 47 00 39 47.
Ouvert du mardi au dimanche de 9h30 à 19h.

Le roi des bazars, le plus grand, le plus kitsch ! LE temple du bon goût oriental. Des tableaux psychédéliques en 3D, des ceintures dorées qui cliquettent à chaque mouvement de hanches et des babouches brodées ultra flashy qui font le bonheur des coquettes Bellevilloises. Vous repartirez avec de jolis verres à thé bleutés presque donnés (15 € les six) et une provision de désodorisants Delta parfum Musk ou Arabian Nights (sorte d'encens en spray, 1,82 €).

GOUTTE D'OR, GOUTTE D'ORIENT...

Le quartier de la Goutte d'Or porte bien son nom, mais pas pour les mêmes raisons qu'hier ! Avant, il évoquait un petit vin blanc de couleur ambrée qui était produit au XIXe siècle sur ses coteaux. Aujourd'hui, il fait plutôt penser à ces grappes de bijoux qui rutilent d'or dans les vitrines de joailleries nommées Camel-Or, Agad'Or ou L'Étoile d'Orient. Le carré hautement oriental de Paname a pour frontières le boulevard Barbès, la rue Myrha, la rue Stephenson et le boulevard de La Chapelle (18e). Son plus proche voisin ? Le triangle africain de Château-Rouge. Les boubous colorés du second répondent aux djellabas lamées or du premier... Les agences de voyage travaillent toutes de ce côté-ci en partenariat avec Air Algérie, Tunis Air ou Royal Air Maroc. Les bazars s'appellent La Baraka et étalent sur les trottoirs les valises en tapisserie, les cannes pour *chibanis* (pépés nord-af') croulants et les babouches de fête dorées jusqu'à la semelle.

Lumières du Maroc Midi-Minuit l'Épicerie

14, rue du Surmelin, 20e. M° Pelleport.
Tél. 06 63 21 52 29.
Ouvert tous les jours sauf le mardi de 10h à 20h.

Ça pourrait être une banale épicerie de dépannage avec des bonbecs pour les gosses du coin et le gros rouge qui tache pour les potes qui débarquent à l'improviste... Oui, sauf qu'on y trouve aussi un incroyable pêle-mêle d'artisanat insolite qu'Abdé fait venir du Maroc. L'invasion de l'épicerie a commencé avec des lampes (au plafond, elles prolifèrent sans dommage) puis les céramiques, les poufs et les babouches se sont empilés entre les cassoulets et les beaujolais. Des modèles inédits de babouches en *nubuck* ou en daim aux coloris mode (à partir de 38 €), à impressions serpent, en soie naturelle rayée, à tiges montantes, à semelle pneu (dites "babouches berbères") et... de l'encens Sandalum. Il y a aussi des produits naturels du Maroc : *rassoul*, savon noir, *akar* (pierre-rouge à lèvre longue tenue, 1,50 €), huile d'argan pure aux mille vertus (à usage cosmétique ou culinaire). Il est interdit de se priver : tout est en moyenne 40 % moins cher qu'ailleurs (notamment dans les magasins de déco ou les épiceries de luxe qui ont flashé sur les mêmes produits).

▸ Mode

Reflets d'Orient

54, rue Saint-Placide, 6e. M° Saint-Placide. Tél. 01 45 48 77 98.
Ouvert tous les jours de 10h30 à 19h (à partir de 13h30 le lundi).

Une adresse au goût sûr pour se faire un total look oriental sans tomber dans le ringard. Les vêtements indiens baba cool y sont majoritaires mais vous y trouverez aussi des vestes algériennes brodées d'or, des djellabas colorées, des caftans (boutonnés tout du long), des *mansourias* soyeuses (robes marocaines doublées d'un jupon), des panoplies de danseuse du ventre (bustiers, coiffes perlées, foulards à sequins, ceintures).

Mia Zia

4, rue de Caumartin, 9e. M° Madeleine.
Tél. 01 44 51 94 45. www.miazia.net
Ouvert du lundi au samedi de 11h à 19h.

La styliste Valérie Barkowski s'inspire des broderies et des motifs traditionnels marocains pour créer ses lignes de vêtements et de linge de maison. Housse de couettes en coton égyptien, djellabas en éponge, tongs à pompons et textiles en sabra tissé (fibre d'aloès, la soie marocaine), reconnaissables à leurs fameuses rayures multicolores.

Marhaba

41, rue Faidherbe, 11e. M° Faidherbe-Chaligny.
Tél. 01 43 70 59 44 – www.marhaba.fr
Ouvert du mardi au samedi de 11h à 15h et de 15h30 à 19h.

Un Maroc chic, novateur, avant-gardiste et friand d'accessoires ancestraux remasterisés fashion. Babouches en jean ou en raphia avec un bout impertinent qui pointe du nez, cabas flanqués de mimines de fatma pour se protéger du mauvais œil, djellaba revisitée, tops moulants à impressions tarbouche (toque grenat à pompon noir) ou sigle Coca-Cola en calligraphie arabe, kit complet pour hammam party… *Marhaba* ("bienvenue") aux beurettes à cheval sur les deux cultures !

▸ Beauté

Épilation au sucre et au miel, massage à l'huile de cannelle, enveloppement floral… À eux seuls, ces mots sont un baume. Prenez rendez-vous avec l'Orient chez la Sultane de Sabah. Plus qu'un institut de beauté, c'est un palais des délices sensoriels, le must des soins orientaux à Paris.

La Sultane de Saba

8 bis, rue Bachaumont, 2e. M° Sentier. Tél. 01 40 41 90 95.
Ouvert du lundi au samedi de 10h à 19h30 (18h le samedi).

Commencez par une croisade antipilosité avec une épilation orientale au sucre (qui évite la repousse du poil sous la peau et dont l'effet dure, paraît-il, cinq semaines au lieu de trois). Exigez ensuite un gommage au savon noir, un enveloppement au beurre de karitémiel-cannelle, un modelage aux huiles et une manucure traditionnelle des Mille et Une Nuits (adoptée par les plus chic salons de beauté parisiens). Formules de soins couplés, de 120 à 170 €.

Pour répéter l'envoûtement à domicile, remplissez votre vanity d'huile essentielle de cannelle, d'argan, de masque miel-rose-gingembre, de lait corporel à la fleur d'oranger ou au santal, de savon noir d'Essaouira (à base d'olives macérées)... Les lotions du Roi Salomon sont pour les messieurs.

Troquez vos cosmétiques classiques contre des curiosités cheap : *kajal* (eye-liner noir charbon), *akar* (minuscule coupelle de terre cuite teintée de coquelicot faisant office de rouge à lèvres), élixir de la mariée (fluide rose), pierre d'alun (déodorant minéral), carrés d'ambre (parfum solide), musc en poudre nacrée, *kassa* (gant de gommage)...

Le célèbre henné est le grand chouchou des coquettes orientales. Il existe en version naturelle (pour une chevelure aux reflets cuivrés), pur renforcé (pour une coloration plus rouge), noir (pour sublimer la teinte des mèches brunes), neutre (fortifiant et non colorant) et au quinquina (ultra-fortifiant). Le henné naturel peut aussi s'appliquer sur le corps pour un léger effet autobronzant.

► *Autres adresses : 78, rue Boissière (16e) et bientôt rue des Plantes (14e).*

► Hammams

Les Bains du Marais

31-33, rue des Blancs-Manteaux, 4e. M° Rambuteau.

Tél. 01 44 61 02 02 – www.lesbainsdumarais.com

Femmes : lundi, mardi et mercredi de 11h à 20h ; hommes : jeudi, vendredi et samedi de 11h à 20h ; mixte : jeudi de 19h à 23h et dimanche de 11h à 23h (le port du maillot est obligatoire ces jours-là).

Entrée seule : 30 € (peignoir, serviettes et savates fournis), forfaits soins de 30 € (massage + gommage) à 300 € (totale journée beauté, repas et coiffeur compris).

Dans un élégant décor de marbre ivoire, de grès caramel et de bois miel – pas de vasques ni de bassines ici – on s'occupe de vous de A à Z. Massages orientaux raffinés à compléter d'une épilation à la cire orientale, d'une manucure, d'un brushing, d'un soin du visage et d'une dînette light. Luxe, calme et volupté.

HAMMAM, OUVRE-TOI...

Il y a celles qui ne peuvent s'en passer et celles qui en rêvent mais n'osent pas... Pour ces dernières, quelques conseils pour franchir le pas.

1. Recrutez une accompagnatrice tout aussi timide que vous. À deux, c'est plus sympa.

2. Prévoyez au minimum deux heures sans rendez-vous ultérieur (le temps s'arrête invariablement dans un hammam). Votre corps vaut bien cet investissement.

3. Munissez-vous d'un maillot ou d'un paréo (pour les plus pudiques) et d'un sac en plastique pour trimballer vos accessoires dans les salles ruisselantes d'humidité. Vous trouverez sur place (vendus ou compris dans le prix d'entrée) le *kassa* (gant rêche tissé en poils de chèvre, à utiliser comme du papier de verre pour gommer les peaux mortes), le savon noir (pâte visqueuse et malodorante mais détergent de génie) et le *trabé* (argile parfumée à diluer dans la dernière eau de rinçage pour être en "odeur de propreté").

4. Après avoir franchi la porte qui sépare le vestiaire des salles d'eau, imitez les gestes des habituées : lentes déambulations entre les salles tièdes et les salles chaudes au travers d'un rideau de buée qui floute les silhouettes, massages en solo ou en duo, glouglou des bassines que l'on remplit et que l'on déverse à mille reprises sur le corps...

5. Ne culpabilisez pas en voyant toutes les tchouilles grisâtres qui se détachent de votre corps après une sudation intense dans la pièce la plus chaude, ces peaux mortes rendant l'âme dans les vapeurs de hammam sont le lot de tous ! Gommez-les au *kassa*.

6. Après une longue macération dans les brumes, rejoignez la salle de détente et offrez-vous un massage aux huiles essentielles par une pro ès papouillages (la *tayyaba*). Prolongez ensuite ses bienfaits en sirotant un thé à la menthe, alanguie sur un sofa moelleux.

Hammam de la Mosquée de Paris

39, rue Geoffroy-Saint-Hilaire, 5e. M° Place-Monge. Tél. 01 43 31 18 14.
Femmes : lundi, mercredi, jeudi, samedi de 10h à 21h et vendredi de 14h à 21h ; hommes : mardi de 14h à 21h et dimanche de 10h à 21h.
Entrée seule : 15 €, forfaits soins de 38 € à 58 € (le grand jeu comprend 10 minutes de gommage et de massage et un repas au restaurant).
Le plus authentiquement traditionnel. Mosaïques hispano-mauresques, arches et colonnades de marbre, vasques et fontaines... Dans le salon de repos, l'impression de poser pour une toile orientaliste de Delacroix est totale : buveuses de thé enturbannées d'éponge chuchotant des secrets sur les sofas, *tayyaba* malaxant sa victime au centre de la pièce... Un gros bémol : l'hygiène douteuse et l'accueil limite.

Les Bains de Saadia

30, rue des Solitaires, 19e. M° Place des Fêtes. Tél. 01 42 38 61 68.
Ouvert du lundi au samedi de 10h à 20h.
Entrée : 24 € (comprenant drap de bain, serviette, paréo, savon noir, thé ou café), 30 € avec un gommage, 38 € ou 44 € avec un massage (15 ou 30 mn).
Après le café et le chocolat équitables, voilà le hammam "équitable et solidair" ! Premier du genre, il est animé par Saadia Souveton, jeune femme aussi engagée que sympathique. Son idée fut d'employer des femmes en mal de réinsertion pour l'aider à décorer, puis à faire vivre le lieu. Entre les murs de *tadelakt* au toucher satiné, l'ambiance, baignée de vapeur, est intime à souhait (huit clientes à la fois, pas plus). Saadia retourne régulièrement au Maroc faire le plein de produits traditionnels. L'huile d'argan vient notamment d'une coopérative de femmes à Essaouira. Authentique et généreux.

Hammam Pacha

147, rue Gabriel-Péri, 93200 Saint-Denis. M° Saint-Denis-Université.
Tél. 01 48 29 19 66 (message vocal hilarant à écouter en cas de déprime).
www.hammampacha.com
Réservé aux femmes. Ouvert lundi, mardi, mercredi et vendredi de 12h à minuit, jeudi de 10h à minuit et le week-end de 10h à 20h.
Entrée : 29 € (peignoir, serviettes et savates fournies), forfait beauté à 90 € (gommage, massage, enveloppement, repas).

Un décor de harem fabuleux, un glorieux passé cinéphile (les tournages de films y sont monnaie courante), un accueil chaleureux et des soins fabuleux (essayez l'enveloppement d'argile à la rose des sables...). Avec ou sans prétexte, offrez-vous une journée complète hors du temps et loin du monde (de préférence en semaine pour avoir la jouissance des salles en quasi-exclusivité).

▸ Instruments de musique

Cham Music

8, rue Fontaine, 9e. M° Blanche.
Tél. 01 42 81 17 67 – www.chamusic.com
Ouvert du mardi au samedi de 11h à 13h30 et de 14h30 à 19h.
Les musiciens en tout genre connaissent bien le quartier, fief de leurs fournisseurs préférés. Pour qui veut acheter un instrument de musique oriental, Cham Music est L'adresse incontournable. Vous y croiserez peut-être Faudel, Khaled ou Cheb Mami, venus comme vous adopter un *oud*, un *bouzouk*, un *saz* ou un *rababa* (instruments à cordes) ou pianoter une fugue de Chopin sur un clavier oriental !

Goûts et saveurs

La cuisine nord-africaine est à l'image des Nord-Africains, piquante et douce à la fois, mêlant subtilement le sel et le sucre, les épices et le miel... Le Maroc, l'Algérie et la Tunisie se partagent de savoureuses spécialités comme le couscous, le tajine et la pastilla (appelée "brick" en Tunisie), aux innombrables variantes. On raconte qu'il y a autant de couscous que de villages, autant de tajines que de potagers et autant de desserts que de vergers...

Le fameux couscous est, selon les sondages, le deuxième plat préféré des Français. Or, rares sont ceux qui savent que cette espèce de pot-au-feu épicé n'est pas d'origine arabe mais berbère ! Porté par l'immigration algérienne en France dès 1914-1918, puis par l'arrivée des pieds noirs, ce plat est un modèle d'intégration.

La preuve : à New York, il est appelé “french couscous” ! Pour changer de la version “classique”, essayez donc le couscous tunisien au poisson, le couscous interprétation Casablanca (aux sept légumes) ou fassi (de Fès, au blé ou à l'orge et sans légumes), *l'amekfoul* (le couscous kabyle, sans viande et sans sauce) et le *mesfouf* (couscous sucré, parfumé de cannelle).

Et le tajine, c'est quoi exactement ? Quand on soulève le drôle de chapeau conique du plat, on tombe sur un ragoût fumant longuement mijoté, le plus souvent à base d'agneau ou de poulet et de légumes. Des épices, des condiments et des fruits frais ou secs se chargent de relever les saveurs. Les combinaisons sont parfois étonnantes : agneau-coings-miel, poulet-pruneaux-cannelle, poisson-olives-citrons confits…

La pastilla est une sorte de tourte sucrée-salée fourrée de pigeon, d'œufs, d'amandes et de miel. La feuille de brick (pâte croustillante) qui enveloppe la farce est saupoudrée de sucre glace et de cannelle.

La harira marocaine et sa cousine la chorba algéro-tunisienne sont des soupes consommées traditionnellement à l'heure de la rupture du jeûne durant le ramadan. Elles sont toutes deux à base d'agneau, de légumes, de coriandre, de cannelle et de poivre rouge mais l'harira est plus souple que la riche et profonde chorba (épaissie de vermicelles).

En dehors de ces points communs, chaque pays a ses spécificités. La cuisine tunisienne est réputée pour être piquante et parfumée. Elle chouchoute l'harissa, un hot condiment à base de piments pilés, d'huile d'olive, d'ail et de coriandre. La cuisine marocaine, subtilement épicée, est célèbre pour son raffinement. La *kémia* (le *mezzé* local) ouvre le repas. C'est un assortiment de petits légumes marinés, colorés et croquants, de *briouats* (petites feuilles de brick farcies d'ingrédients divers) et de salades aux parfums de cumin et de *carvi*. La cuisine algérienne est la plus rustique, sauf en ce qui concerne les pâtisseries, domaine dans lequel elle excelle… Sachez reconnaître le *makrout* (pavé de semoule fourré de dattes), la *zlabia* (spirale orange dégoulinante de miel), la rose des sables (turban de pâte fila) et le *yoyo* (beignet en anneau). La corne de gazelle peut être tunisienne (croissant de pâte sablée saupoudré de sucre glace) ou marocaine (anodine demi-lune de pâte feuilletée miraculeusement fondante en son cœur).

▸ Marchés

La communauté nord-africaine de Paris a fait siens les marchés de Barbès, de Belleville et d'Aligre, qui prennent des airs de souks avec leurs stands de tissus orientaux, leurs marchands de Coran, de cassettes raï, d'épices à couscous et de viande *halal*.

• **Marché de Barbès.** Mercredi et samedi matin sous le métro aérien, boulevard de la Chapelle (18e). M° Barbès-Rochechouart.

• **Marché de Belleville.** Mardi et vendredi matin sur le terre-plein du boulevard de Belleville (11e). M° Ménilmontant ou Couronnes.

• **Marché d'Aligre.** Tous les matins sauf lundi dans la rue et sur la place d'Aligre (12e). M° Faidherbe-Chaligny ou Ledru-Rollin.

▸ Épiceries

Vous trouverez dans les nombreuses épiceries de la rue de Jessaint (18e) tous les produits orientaux de base : harissa de Tunisie, *ras al-hanout* (savant mélange d'épices à couscous), huile d'olive La Bédouine, pâte de dattes d'Algérie, "gazouze" Boga (soda), *boukha* (alcool de figues), amusantes boîtes de thé El Badaoui ou Camel (thé vert de Chine joliment emballé à la mode arabe)...

Arrêtez-vous au 20, rue de Jessaint ou au 4, rue de la Goutte-d'Or pour faire le plein de verdure. Ces deux échoppes pittoresques qui embaument le potager ne font que dans les herbes fraîches, au détail, gros et demi-gros !

Ahga

21, rue Montorgueil, 1er. RER Les Halles. Tél. 01 42 33 72 39.

Ouvert tous les jours de 8h à 21h.

Si un retour au bled dans les souks de Barbès vous semble aussi éprouvant qu'une traversée du désert, rabattez-vous sur ce bon petit soldat de dépannage au cœur de Paname. D'improbables trophées de chasse veillent sur les sacs de semoules, de riz (dix sortes), de fèves, de graines, d'épices, de boutons de rose, de fruits et de légumes secs. Au fond, des pipes à eaux, des tagines vernissés et des babouches de cuir brut répondent aux envies urgentes d'orientalisme.

▸ Pâtisseries

La Bague de Kenza

106, rue Saint-Maur, 11e. M° Saint-Maur. Tél. 01 43 14 93 15.
Ouvert tous les jours de 9h à 22h (de 13h30 à 22h le vendredi).

Pour saisir vraiment ce que signifie l'expression "succomber aux charmes de l'Orient", venez rôder par ici. Des pyramides de pâtisseries raffinées, des tentations propres à faire vibrer les cinq piliers de l'islam, des allers simples pour une humeur tout sucre tout miel... Difficile de choisir entre les grands classiques (doigts de la mariée, pâtes d'amande sculptées) et les novateurs qui cartonnent dans les faubourgs d'Alger (paniers d'abricot, macarons pistache) ; 180 sortes en tout, plus succulentes les unes que les autres, mais excessivement chères : près de 2 € la pièce dont on ne fait littéralement qu'une bouchée. Les galettes salées et les pains algérois sont aussi fort alléchants : fine crêpe *baghrir*, pain *tadjine* (épaisse galette), *khobz* (pain complet) parsemé de graines de nigelle, pavé de semoule fourré de dattes ou de piments... Salon de thé mitoyen avec petite restauration algérienne.

▸ *Autres adresses : 173, rue du Faubourg-Saint-Antoine (11e) et 233, rue de la Convention (15e).*

La Rose de Tunis

7, boulevard Ornano, 18e. M° Marcadet-Poissonniers.
Tél. 01 46 06 15 25 – www.larosedetunis.com
Ouvert tous les jours de 8h à 22h.

Des gourmandes de tous âges papotent joyeusement en choisissant leur assortiment. À défaut d'étiquettes sous-titrées, demandez conseil aux autres clientes, elles se feront un plaisir de vous désigner leurs friandises préférées parmi la centaine en rayon. Leur format est miniature et elles sont vendues au poids (une formule sympa pour en goûter un maximum).

Les Noces d'Or

48, rue de Ménilmontant, 20e. M° Ménilmontant. Tél. 01 43 66 55 15.
Ouvert tous les jours de 9h à 23h.

Une pâtisserie algéroise plus discrète, plus modeste et plus excentrée que la célébrissime Bague de Kenza mais dont la production est toute aussi fraîche et soignée (1,20 € pièce).

▸ Traiteurs

Le P'tit Souk

86, rue de Patay, 13e. M° Nationale. Tél. 01 53 79 15 46.
Ouvert du lundi au samedi 10h à 20h et le dimanche de 10h à 14h30.

Ne vous fiez pas à son nom ! Ce rare traiteur oriental tient plus de l'épicerie fine croquignolette que du souk poussiéreux. Tout sourire en jaune et bleu, il pourrait poser pour un magazine de déco avec son alignement soigneux de sacs d'épices, de jarres d'olives, de plateaux de fruits confits (cédrat, angélique, gingembre). Mais son atout majeur, c'est sa ribambelle de plats cuisinés, *kémia* et *mezzé*, venus des quatre rives de la Méditerranée (sur commande). Goûtez aux *cocas* (chaussons algérois fourrés de poivrons) et à la *m'semen* (galette algérienne carrée, aromatisée aux tomates et aux oignons, 1,52 €).

Al Houda

93, rue des Entrepreneurs, 15e. M° Commerce. Tél. 01 55 76 60 18.
Ouvert de 10h30 à 14h30 et de 16h30 à 20h. Fermé dimanche et lundi.

Rive gauche, un joli choix de spécialités marocaines : *briouats*, mini pastillas (5,50 €), tajines (environ 6 €), légumes toujours préparés à part, pâtisseries (1 €)...

HALLES MAROCAINES

Pourquoi ne pas rapporter du marché un tajine aux poires pour accompagner votre salade bio et votre coulant normand ? Au marché couvert des Enfants-Rouges comme à celui de Saint-Quentin, c'est possible, grâce à la présence de traiteurs marocains. Derrière la vitrine, vous choisissez parmi la vingtaine de plats du jour ceux qui vous tentent, vous y ajoutez deux cornes de gazelle et emportez le tout, après avoir siroté un thé à la menthe offert par la maison. Tagines, couscous et pastillas de 7 à 9 €.

• **Marché des Enfants-Rouges,** 39, rue de Bretagne, 3e. Tél. 01 42 77 55 05. Du mardi au jeudi de 9h à 14h et de 16h à 20h, vendredi et samedi de 9h à 20h et dimanche de 9h à 14h.

• **Marché de Saint-Quentin,** 85 bis, boulevard de Magenta, 10e. Tél. 01 48 00 04 72. De 9h à 13h et de 15h30 à 19h30. Fermé le lundi, ainsi que le dimanche après-midi. Un coup de cœur pour celui-ci, tenu par un jeune couple (le mari au comptoir, la femme et la belle-mère aux cuisines) qui applique à la lettre un principe-clé de la gastronomie marocaine : innover sans cesse, associer des saveurs de façon inédite. Parmi les dernières nouveautés en date : les sardines farcies aux herbes et aux crevettes, la salade de brocolis aux olives violettes, la tapenade orientale, le tajine d'agneau aux figues farcies aux noix et celui à la citrouille caramélisée.

▸ Salons de thé

La Mosquée

39, rue Geoffroy-Saint-Hilaire, 5e. M° Place-Monge.

Tél. 01 43 31 38 20 et 01 43 31 18 14. Ouvert tous les jours de 9h à 23h.

Le thé à la menthe et les pâtisseries ne sont pas (loin de là) les meilleurs de Paris et les serveurs font plus dans l'oriental business que dans l'hospitalité arabe, mais on est prêt à tout pardonner devant le cadre, réellement dépaysant. Une succession de délicieuses courettes blanches isolées de la ville par les murailles de la Cité sacrée, une oasis de fraîcheur où il fait bon paresser en douce à l'ombre des figuiers et du jasmin, en compagnie d'un homme bleu ou d'un thé vert... Thé et pâtisseries à 2 €.

(Voir aussi Lieux de culte et Hammams)

Tesnine

207, rue du Faubourg-Saint-Antoine, 11e. M° Faidherbe-Chaligny. Tél. 01 43 48 60 97. Ouvert tous les jours de 8h à 20h30 (fermé lundi matin).

Les gourmands du 11e peuvent croquer des doigts de la mariée en soufflant sur un thé mentholé, dans un mignon petit salon couleur "coucher de soleil sur les dunes". Compter 6 € pour un thé et quelques friandises.

La Ruche à Miel

19, rue d'Aligre, 12e. M° Ledru-Rollin. Tél. 01 43 41 27 10. Ouvert de 9h à 19h30, fermé le lundi.

Après avoir rempli leur cabas sur le marché d'Aligre, les gazelles à taille de guêpe viennent butiner, sur les guéridons-plateaux dorés de cette Ruche décontractée et souriante, un thé à la menthe et une pâtisserie melliflue. Elles n'oublient pas d'emporter en sortant un assortiment de délicieux pains marocains, pour changer de la fougasse (1,25 € la galette salée).

▸ Cafés orientaux

Ils sont de plus en plus nombreux à Paris, ces cafés orientaux carrelés de mosaïques, tendus de tissus bayadères ou inondés de sofas moelleux pour délassement langoureux. Dans ces haltes orientales plébiscitées par les jeunes du coin et les vieux du bled, les branchés de l'Est et les minets de l'Ouest, on vient commenter sa vie, ses journées et les amours des autres, on y joue, on y lit ou on fume paisiblement sa *chicha* en laissant filer le temps, devant un orgeat tunisien, un thé yéménite, un karkadé égyptien ou un thé saharien. (Voir aussi sous-chapitre Égypte.)

Café social Ayyem Zamen

7, rue de Pali-Kao, 20e. M° Couronnes. Tél. 01 40 33 25 25. Ouvert du lundi au vendredi de 9h à 18h et le samedi de 10h à 17h.

Vous croisez souvent des *chibanis* ("vieux" en arabe), ces papys à toque de fourrure qui prennent racine sur les bancs publics… Mais vous n'avez jamais osé les aborder. Pourtant, ils doivent en avoir des choses à raconter ! Arrivés en France dans les années 1960-

1970, ils se retrouvent aujourd'hui à la retraite (ils sont environ 25 000 à Paris). Dignes et souvent pudiques, ils taisent leurs difficultés mais évoquent avec plaisir le bled. Pour les rencontrer, poussez la porte du café social, un lieu chaleureux et accueillant inauguré en 2003, conçu pour les accompagner dans la vieillesse. Dans une salle pimpante meublée à la Ikéa, les aînés jouent aux dominos en buvant du thé, exposent aux bénévoles leurs soucis administratifs ou encore s'initient à la poterie en écoutant du raï. Ils seront ravis de vous parler de leur enfance à Bab-el-Oued, d'évoquer avec émotion *l'ayyem zamen* ("le temps jadis") ou de vous expliquer la différence entre un reg et un erg. Vous hésitez encore ? Sachez que les femmes (y compris les jeunes et les non-beurettes) y sont tout de suite mises à l'aise par les animateurs sociaux d'une rare gentillesse.

▸ Restaurants

Andy Walhoo

69, rue des Gravilliers, 3e. M° Arts-et-Métiers.

Tél. 01 42 71 20 38. Ouvert de 12h à 2h. Fermé dimanche.

Andy walhoo signifie "Je n'ai rien" en arabe. La déco est une ode à la récup' : un mélange de souk chic et d'épicerie marocaine bloquée dans les seventies, avec des poufs-pots de peinture, des lanternes ciselées dans des boîtes de conserve... Sur les murs, des pubs et des produits basiques qui font office de madeleine de Proust pour ceux qui ont connu le bled (lait Nestlé Nido, cafés Saada, pschitt Baygon...). Dans les assiettes, des senteurs des faubourgs d'Alger, de Djerba et de Casa : *kémia* froide (salades de fenouil, de poivrons, de lentilles, de carottes au cumin) ou chaude (harira, brochettes de merguez, ratatouille à l'orientale). Final sur une crêpe berbère aux amandes et un thé à la cannelle. Compter de 15 € à 20 €. Et une ambiance chauffée par des serveurs punchés et craquants comme des petits princes du raï.

Le 404 €€

69, rue des Gravilliers, 3e. M° Arts-et-Métiers. Tél. 01 42 74 57 81. Ouvert tous les jours midi et soir.

Un caravansérail sur un plateau (de cuivre) inscrit dans l'Atlas des lieux branchés de la capitale. Le long d'une haute muraille de pierres blondes, on s'y sustente incognito dans une pénombre étudiée (moucharabiehs filtrants, loupiotes ciselées et poutres sombres) de *briouats* fourrés de crevettes et de champignons, d'un tajine de canard pommes fruits-cannelle et d'une pastilla aux dattes. La cuisine ouverte sur la salle donne envie de tout goûter. Brunch berbère sur fond de musique râpeuse le week-end (pancakes berbères, couscous sucré, hamburger oriental...). Menus à 17 € (midi), 30 € à la carte, brunch à 21 €. Et ce drôle de nom ? Quand Smaïn a ouvert ce restaurant, il a voulu faire un clin d'œil à cette bonne vieille Peugeot familiale qui a trimballé des générations de Nord-Africains immigrés. Smaïn n'est plus le boss et la Peugeot a pris sa retraite mais le 404 continue de tailler sa route !

Au Pied de chameau €€

20, rue Quincampoix, 4e. M° Rambuteau. Tél. 01 42 78 35 00. www.aupieddechameau.fr. Fermé samedi midi.

Le Pied de Chameau se plie en quatre pour en mettre plein la vue, alors jouez le jeu et imaginez que vous êtes vraiment au cœur du souk de Fès, un beau soir d'été. Sol pavé, palmiers, arches, cuirs et cuivres, coins et recoins à l'image des échoppes de la médina... Au plafond se balancent des écheveaux de tissu indigo, des photophores carmin et des guirlandes de piments. Posez-vous sur un pouf dans le boudoir Shéhérazade drapé de soie turquoise ou allongez-vous sur les kilims de la tente berbère pour goûter à la daurade d'Essaouira au fenouil, au tajine poulet-poires-miel d'Ifrane, au couscous *seffaë* (semoule sucrée, amandes et cannelle) ou à la pastilla au lait. Menus à 35 €, 40 € (midi), 45 € et 57 €.

Au P'tit Cahoua **€€**

39, boulevard Saint-Marcel, 13e. M° Saint-Marcel. Tél. 01 47 07 24 42. Ouvert tous les jours midi et soir.

Cette tente berbère cosy mérite qu'on laisse sa Méhari en double file. Déco réussie sous influence mauresque (zelliges, paravents de fer forgé, banquettes kilimatelassées, écheveaux de laine, lampions en peau tatoués au henné) et "cuisine nostalgique du Maroc". Comprendre "des recettes imaginatives brodées sur un canevas marocain" introuvables ailleurs, comme ces tajines poulet-banane-cannelle, poulet-mangue-menthe ou potiron-pignons, ce méchoui light, ces beignets de courgettes à la fleur de safran, ces "choppes" à la *oudjia* (beignets de pommes de terre-crevettes-aubergines), ces *briouats* fourrés de fromage de chèvre, d'amandes et de menthe. Menus à 12,50 € (midi) et 27 €.

Zyriab **€€€**

1, rue des Fossés-Saint-Bernard, 5e. M° Jussieu ou Cardinal-Lemoine. Tél. 01 53 10 10 20. Fermé dimanche soir et lundi.

Appuyez sur le bouton 9 de l'ascenseur de verre de l'IMA, profitez de la visite express des étages (bibliothèque, musée...) et descendez au terminus. Tournez à gauche, franchissez la passerelle vertigineuse et pâmez-vous devant la vue panoramique qu'offre la terrasse (en vedette la Seine et le chevet de Notre-Dame). Si vos moyens vous le permettent, attendez le coucher du soleil dans les salons du Zyriab, surnommé la Tour d'Orient (clin d'œil à sa voisine, la Tour d'Argent). Sa cuisine libano-marocaine est honorable mais elle s'efface devant le cadre exceptionnel. Menus à 35 € (midi), 42 € et 50 €. Oubliez le self Moucharabieh et ses médiocres plats français.

Café Hafa **€€**

14, rue de l'Orillon, 11e. M° Belleville. Tél. 01 40 21 71 81. Fermé lundi et dimanche.

Une pause-déjeuner croquignolette dans une *casa* marocaine blanche et bleue vraiment à part. On s'y sent comme dans le studio d'une amie baroudeuse : un fourbi de souvenirs nostalgiques s'entasse dans les vitrines, les étagères ploient sous les bouquins de cuisine orientale et des bâtonnets d'encens squattent la terre d'un ficus neurasthénique. Ajoutez des canisses, du lierre, des tables en pin et un accueil féminin charmant. Goûtez aux épinards à la marocaine (avec olives et citron), au tajine agneau-figues-pruneaux ou coing-miel. Compter 22 €.

Taghit €€

63, rue de l'Ouest, 14e. M° Pernety. Tél. 01 43 20 25 57.
Ouvert tous les soirs sauf dimanche.

Taghit, "ambassadeur gastronomique du désert algérien", étonnera les papilles des blasés de la semoule avec ses trois sortes de graines, servies en trio avec tous les plats : une "neige de Chrea" (blanche semoule poudrée parfumée à l'eau de fleur d'oranger), un *erg* (semoule de blé d'orge un peu croquante) et un *reg* (semoule au grain parsemé d'herbes fines). Jamais couscous ne fut mieux escorté... Compter 25 €.

À la Grande Bleue €

4, rue Lantiez, 17e. M° Guy-Môquet. Tél. 01 42 28 04 26.
Ouvert tous les jours midi et soir.

"Quand Tizi Ouzou se lèveeuu..." L'adaptation berbère de La Maison bleue de Maxime Leforestier, qui passe en boucle, annonce la couleur : on est bel et bien dans une pimpante auberge kabyle, une "maison bleue" gaie et poétique. Après la *camounia* (rondelles de carottes au cumin), accompagnez votre gris d'Algérie d'un méchoui d'aubergines, d'une crêpe berbère au poulet et aux olives, d'un couscous végétarien accompagné de lait fermenté ou d'un couscous au congre et d'une rosace d'orange parfumée à la fleur d'oranger et à la cannelle. Menu à 9,90 € (midi), compter 15 € le soir.

La Maison de Charly €€

97, boulevard Gouvion-Saint-Cyr, 17e. M° Porte-Maillot.
Tél. 01 45 74 34 62. Fermé lundi.

Ce ryad inspiré du célèbre hôtel La Mamounia de Marrakech vous rappellera votre dernier week-end RTT. Murs en *tadelakt* brique (enduit mural typiquement marocain), jardin d'hiver ombragé d'un immense palmier, zelliges au sol et portes ouvragées. À la carte, *kémia* (mosaïque d'entrées) et trio couscous-tajines-pastillas. Menu à 33 €.

Maison Benisti **€**

108, boulevard de Belleville, 20e. M° Belleville. Tél. 06 11 60 60 21. Ouvert de 8h à 23h, fermé le samedi.

Snack casher "à toute heure", familial, survolté et bondé à bloc. Les Pépés le Moko et les mammas séfarades se draguent en blaguant et les jeunes Tunes du coin viennent calmer leur appétit d'ogres avec de généreuses assiettes qui débordent de partout. Une fois que vous aurez compris l'organisation, vous serez adopté (il faut passer comme à la cafétéria par le coin grillades, le coin fricassées, le coin pâtisseries, le coin caisse... sans trop faire attendre les serveurs en blouse blanche). L'été, on sort les tables sur le trottoir et c'est encore mieux. Les sandwichs tunisiens (pain blanc et dense garni de thon, d'œufs et d'harissa) sont les meilleurs de Paname (4 €). Et aussi des bricks à l'œuf (avec thon, merguez ou saumon), des *keftas* (boulettes) de poisson et une citronnade comme à la Goulette...

▸ Livraison à domicile

Allô Couscous

Tél. 01 43 70 82 83. www.allo-couscous.fr
Ouvert tous les jours de 11h à 14h et de 18h à 22h.

Livraison gratuite dans les 11e, 12e et 20e arrondissements. Plus loin, prévoir 3, 5 ou 8 € de frais de livraison. Couscous d'excellente facture et copieuses portions.

Atlas Couscous

Tél. 01 45 41 22 22 (rive gauche) et 01 45 41 41 41 (rive droite). www.atlascouscous.com
Ouvert tous les jours de 12h à 14h30 et de 19h à 23h.

Dix sortes de couscous mais aussi des salades, des pastillas, des tajines, du pain marocain et des pâtisseries à tomber. Portions généreuses et rab d'harissa sur demande.

Nuits d'Orient

▸ Boîtes et clubs

Hammam Club

94, rue d'Amsterdam, 9e. M° Place-de-Clichy. Tél. 01 55 07 80 00.
Ouvert du jeudi au dimanche de 23h30 à l'aube.
www.hammamclub.com. Entrée + conso : 20 €.

Un clubbing select griffé mille et une nuits, avec dîner-spectacle à thème oriental le mercredi (45 €). Musique nord-africaine ou internationale selon les soirs.

La Casbah

20, rue de la Forge-Royale, 11e. M° Ledru-Rollin.
Tél. 01 43 71 04 39. www.casbah.fr
Ouvert du mercredi au dimanche de 23h à l'aube (20h pour le restaurant).
Entrée + conso : 20 €

Comme son nom l'indique, la casbah joue à fond le thème de la reconstitution fidèle (véritable façade ocre de *casbah*, débauche de poufs, de palmiers, de fer forgé et de *tadelakt*...) mais ses platines brassent plutôt du funk 80's, de la dance, de la soul ou de la techno. Les soirées à thème oriental sont rares.

Et aussi :

▸ **La Flèche d'Or** (102 bis, rue de Bagnolet, 20e) et **Le Cabaret sauvage** (parc de La Villette, 19e) surfent également sur le blues de la casbah et programment épisodiquement soirées orientales, clubbings maghrébins et autres "Nuits des Sud". Renseignements au 01 44 64 01 02 ou sur le site www.flechedor.com et au 01 42 09 03 09 ou www.cabaretsauvage.com

ÉGYPTE

Le vent du Nil souffle sur la capitale : les cafés où l'on fume le narguilé ont le vent en poupe et les clins d'œil architecturaux se bousculent depuis longtemps dans la capitale sous le regard blasé des Parisiens. L'égyptomania ne date pas de la sortie du dernier Christian Jacq, ni même de la rénovation du département des antiquités égyptiennes du Louvre. Dès le Moyen Âge, une légende farfelue véhicule l'idée selon laquelle un lieu de culte dédié à la déesse Isis aurait donné son nom à Paris ("Par Isis"). Des décors égyptisants apparaissent ensuite au XVIIe siècle mais c'est surtout sous Napoléon Ier que la passion pour la terre des pharaons explose.

Un lien étroit unit Parisiens et Égyptiens. Les premiers ont fait de l'Égypte l'une de leurs destinations touristiques préférées et les seconds sont bien accueillis à Paris. En 1954, la prise de pouvoir de Nasser amène sur les rivages du 16e arrondissement une première vague d'immigration, composée de l'élite économique, fuyant les nationalisations. Une seconde vague apporte dans les années 1980 une population pauvre et peu qualifiée. On estime aujourd'hui à 50 000 les ressortissants égyptiens vivant à Paris et dans les environs.

Question de culture

▸ Centre culturel

Centre culturel d'Égypte

111, boulevard Saint-Michel, 5e. RER Luxembourg.

Tél. 01 46 33 75 67 – www.culture-egypte.com

Ouvert du lundi au vendredi de 10h à 19h.

Les Français aiment l'Égypte ancienne mais méconnaissent l'Égypte d'aujourd'hui. Pour combler vos lacunes, misez sur la programmation du centre : conférences, expos d'art contemporain, concerts (des rituels soufis à l'egypt-électro-groove), spectacles (derviches tourneurs à l'occasion). Bouchées doubles pendant le ramadan. Petite bibliothèque, complète mais jaunissante.

▸ Musée

Musée du Louvre

99, rue de Rivoli (entrée principale par la Pyramide), 1er.
M° Palais-Royal-Musée-du-Louvre. Tél. 01 40 20 50 50 – www.louvre.fr

La collection égyptienne du Louvre – l'une des plus belles au monde – s'est constituée en trois vagues successives. Le département fut créé en 1826 à l'instigation de Champollion, qui s'est démené pour convaincre Charles X d'acquérir les collections privées constituées en Égypte par des diplomates occidentaux. À partir du XIXe siècle, le fonds s'accroît grâce à la répartition des fouilles consenties par les autorités égyptiennes. Mais, après la découverte de la tombe de Toutankhamon en 1922, le gouvernement égyptien coupe les "vivres". Les collections seront enrichies au XXe siècle par des legs, des dons et des chantiers ouverts par le musée du Louvre ou l'Institut français d'archéologie.

Les œuvres (5 000 au total) sont réparties sur 4 120 m^2. Deux options au choix pour remonter le cours du Nil : un circuit chronologique (des origines à Cléopâtre) ou un parcours thématique soulignant les divers aspects de la civilisation égyptienne.

En remontant les dynasties, vous rencontrez le gotha de la vallée des Rois : Hatshepsout, Thoutmosis III et IV, Aménophis III, Toutankhamon et Akhénaton (pas le rappeur, un autre !) escortés d'une brochette de fonctionnaires à leur botte (chef de service du bureau de ravitaillement, majordome, chancelier, vizir, porte-enseigne, intendant, porteuse d'offrandes, conseiller, architecte...). Le regard quasi vivant du Scribe accroupi vous hypnotisera (ses yeux sont incrustés de cristal de roche). La crypte, consacrée à l'Égypte copte, recèle linceuls à portraits, masques-plastrons, sandales du Ve siècle à la Ben Hur et papyrus de pharmacien (plein de recettes secrètes).

Chaque salle du parcours thématique explore une facette de la vie quotidienne : les travaux des champs, les techniques des artisans, le mobilier domestique, le temple, les loisirs, les soins de beauté, le Nil (ses barques, ses grenouilles et ses hippopotames).

Zoom sur l'alimentation : une carte-menu, gravée sur la tombe de Tepemânkh (sans doute un fameux gourmand), nous révèle quels étaient les mets de choix de l'époque (graisse de rognon, bière, pâte de jujube et toutes sortes de pains et de gâteaux inconnus). Plus loin, de vrais échantillons de "produits naturels antiques" : figues de Sycomore, noix de palmier d'oum, ombelles de papyrus.

Dans la salle de l'écriture, des textes médicaux ou juridiques, des livres de comptabilité, un traité de géographie mythologique, des rituels de glorification, une tablette d'écolier, des récits de bataille et une méthode d'apprentissage rapide des hiéroglyphes pour l'apprenti scribe que vous êtes (pour un dessin de poussin, prononcez le son "ou", pour une chouette, dites "m").

Dans le royaume des dieux et de la magie, un "Petit Dictionnaire des dieux" (d'Amon à Toueris en passant par Atoum, Khnoumet Oupouaout) et l'impressionnant Livre des morts (un rouleau de papyrus de 24 mètres de long, rempli de formules magiques. C'était une sorte de Guide bleu de l'au-delà pour défunt prévoyant, à lire comme une bande dessinée).

Les animaux sacrés ont leur domaine : statues disposées à la Dalton de la déesse chatte Bastet au regard perçant, têtes de taureaux embaumés, sarcophages d'ibis, momies de faucons, de poissons sacrés et même de crocodile (2,44 mètres de long) !

Dans la crypte d'Osiris, l'ombre de Belphégor rôde autour du sarcophage de Ramsès III. Une haie d'honneur de cercueils royaux au garde-à-vous mène à une momie emmaillotée dans de fines bandelettes de lin et entourée de charmants instruments d'embaumement (vases à viscères, pipettes servant à introduire les produits conservateurs dans les narines !).

▸ À voir

Le quartier de la "Foire du Caire"

Rue, place et passage du Caire, rues d'Aboukir, de Damiette et du Nil, 2e. M° Sentier ou Réaumur-Sébastopol.

En 1798, la campagne d'Égypte de Napoléon fait la une des journaux. Il faut dire que l'expédition a des reporters de choc : les savants embarqués dans l'aventure, dont les récits exotiques passionnent les foules. Conséquence de cette efficace campagne de pub : la mode des pharaons inonde la capitale et l'architecture dite "retour d'Égypte" fleurit sur les façades. Un quartier à thème, baptisé "Foire du Caire" sort de terre en 1806, à l'emplacement exact de la fameuse cour des Miracles.

L'immeuble du n° 2 de la place du Caire, couvrant l'entrée du passage, est à l'architecture égyptienne ce que le péplum est à l'histoire : un pastiche baroque et anachronique. Les fenêtres de style néogothique vénitien (!) sont encadrées de fleurs de lotus, de têtes de sphinx, de hiéroglyphes fantaisistes et d'un visage cloné en trois exemplaires. C'est celui de la déesse égyptienne Hathor, reconnaissable à ses oreilles de vache.

Regardez bien les pseudo-hiéroglyphes gravés sur la gorge de la corniche, juste sous le toit : vous verrez un visage de profil doté d'un nez énorme. Un nez ! Que dis-je ? C'est un cap ! C'est le portrait d'Auguste Bouginier, un ami du sculpteur de la frise, dont le phénoménal appendice nasal fut caricaturé sur nombre de murs parisiens par ses copains artistes. (Peut-être Edmond Rostand s'est-il inspiré des mésaventures de ce pauvre Bouginier pour créer le personnage de Cyrano...). Baissez un peu les yeux sur la frise qui surmonte les têtes d'Hathor : deux des personnages, au centre, sont eux aussi dotés d'un nez anormalement développé. Ce malheureux Auguste serait-il encore visé ?

L'ambiance du passage du Caire était censée au départ rappeler celle du bazar de la capitale égyptienne, mais ce but ne fut jamais atteint. Désormais colonisé par des boutiques d'articles pour étalagistes (bustes de mannequins impudiques, bolducs et cintres), il n'attire que les professionnels du prêt-à-porter. Pour trouver une atmosphère de souk oriental, mieux vaut s'aventurer dans la rue du Caire, fief de la confection parisienne, grouillante de vie, à l'image des ruelles cairotes. Des pyramides de cartons, des ballots ficelés, des penderies baladeuses chargées de tailleurs à livrer d'urgence... Ici et là, des grappes de manutentionnaires sri-lankais ou bengalis équipés de diables, qu'ils accrochent à des grilles comme des vélos lorsqu'ils s'absentent un instant.

LOUXOR STORY

L'obélisque de Louxor, fièrement dressé sur la place de la Concorde, est le plus ancien monument de Paris avec ses 33 siècles au compteur. Son histoire commence à Thèbes en 1250 av. J.-C., date à laquelle il fut érigé avec son frère jumeau dans le temple de Ramsès II. En 1830, sous le règne de Charles X, le pacha Méhémet Ali, vice-roi d'Égypte, fait cadeau à la France des deux obélisques de Thèbes. Là, les versions divergent : selon certains, c'est un cadeau "forcé" sur l'insistance du consul général de France en Égypte ; selon d'autres, c'est un don spontané en remerciement du décryptage des hiéroglyphes par le Français Champollion, en 1822.

On décida de commencer par expatrier le plus petit des deux obélisques. Le transport de ce monolithe de 230 tonnes nécessita la construction sur mesure d'un navire à huit coques, Le Luxor. Le voyage de ce cadeau encombrant dura 18 mois, via Gibraltar, Le Havre, puis la Seine. (Pour en savoir plus sur son transport et son érection, se reporter aux croquis gravés sur le socle.)

La pyramide de verre du Louvre fut posée en 1989 dans le même axe que l'obélisque, au centre de la cour Napoléon du Louvre. Oubliées les polémiques esthétiques et politiques, elle est aujourd'hui presque aussi célèbre que les trois stars de Gizeh.

▸ Autres clins d'œil égyptiens dans la capitale

• Seize sépultures d'inspiration égyptienne au **cimetière du Père-Lachaise.** Dès le XIXe siècle, quelques Parisiens, fascinés par l'étrange relation que les anciens Égyptiens entretenaient avec la mort (momification conservatrice, rituel du passage dans l'au-delà, réincarnation et vie éternelle), ont adopté pour leur tombeau le modèle "pyramide" ; le summum du luxe étant la chapelle funéraire pyramidale ornée de sphinx, couronnée d'un obélisque et fleurie de bouquets de papyrus.

• Une pyramide gardée par des vigiles de pierre (que l'on dit francs-maçons) dans le **parc Monceau.**

• La fontaine du Fellah au **42 de la rue de Sèvres** (7e) représente un fellah (cultivateur égyptien) vêtu d'un pagne croisé (mais anormalement coiffé d'un couvre-chef pharaonique), debout à la porte d'un temple égyptien et portant deux cruches d'où jaillissait l'eau.

• La fontaine du Palmier de la **place du Châtelet** (1er) érigée en 1808, commémore les victoires impériales. Quatre sphinx cracheurs d'eau entourent la base de sa colonne palmiforme.
• Les sphinx se plaisent particulièrement à Paris. Ils s'y sont reproduits en toute liberté au XVIIIe siècle notamment, alors qu'il était du dernier chic d'en installer sur le perron de son hôtel particulier. Ces créatures de pierre gardent encore l'entrée des hôtels Salé, Fieubet **dans le Marais** (4e) et Gouthière **rue Pierre Bullet** (10e). On dénombre aujourd'hui une centaine de spécimens mâles et femelles comme cette sphinge (corps de lion et buste de femme) qui a élu domicile sur la terrasse du Bord de l'eau, dans le **jardin des Tuileries.**
• Des statues égyptiennes, postées sur les quais de la **station de métro Louvre-Rivoli**, invitent à une visite des collections du musée.
• Planté au milieu du **carrefour Barbès-Rochechouart** (18e), le Louxor-Palais du Cinéma, construit en 1921, était jusque dans les années 1970 le temple des péplums à l'égyptienne. Désormais à l'abandon, il semble supplier qu'on lui redonne vie : ses mosaïques bleu et or ont encore tous leurs carreaux et ses scarabées ailés tiennent bon sous les assauts des tags... Il a même l'honneur d'être classé à l'Inventaire des monuments historiques, mais cela ne le sauve pas de l'indifférence générale. Un projet d'en faire un grand centre des cultures méditerranénnes circule depuis des années... À suivre, donc.
• Huit noms de **rues parisiennes** font référence à l'Égypte : rues d'Aboukir, d'Alexandrie, d'Héliopolis et des Pyramides (qui évoquent des victoires de Bonaparte ou de ses généraux), du Caire, de Damiette, du Nil et de Suez (allusion au creusement du canal sous la direction du Français Ferdinand de Lesseps).
• Les égyptomaniaques ne manqueront pas de faire un pèlerinage devant le **n° 28 de la rue Mazarine** (6e) pour se recueillir devant la maison où Jean-François Champollion a découvert en septembre 1822 la clé des hiéroglyphes, à partir d'un fac-similé de la pierre de Rosette (elle comportait un même texte, écrit en hiéroglyphes, en démotique et en grec.) Il paraît que cette découverte fut pour lui un tel choc qu'il s'évanouit et ne se réveilla que 5 jours plus tard... Le mérite de ce génial "décodeur" est d'autant plus grand qu'il n'avait pas encore mis les pieds en Égypte et que de nombreux savants s'y étaient jusque-là cassé les dents !

DES MOMIES SOUS LA BASTILLE

À cause d'une amusante pirouette de l'Histoire, des momies égyptiennes reposent sous la colonne de la Bastille. Tout commença vers 1827, quand le vice-roi d'Égypte Méhémet Ali offrit à Charles X un lot d'une dizaine de momies soigneusement emballées dans une caisse en sycomore. Parmi elles, des princes et des généraux trépassés depuis des siècles, un pharaon inconnu et le grand prêtre Pentamenou, contemporain de Sésostris Ier.

Les momies furent exposées au Louvre dans des sarcophages de granit. Mais elles n'apprécièrent guère le climat parisien et commencèrent à se décomposer. Il fallut s'en débarrasser : on les enterra dans les jardins du Louvre. Trois ans plus tard, la révolution de juillet 1830 éclata. De nombreux patriotes périrent dans les combats des Trois Glorieuses. À cause de la chaleur, ils furent ensevelis à la va-vite, à l'endroit même où ils étaient tombés, dont trente-deux devant la colonnade du Louvre, dans l'enclos du jardin de l'infante, un lopin de terrain face à l'église de Saint-Germain-l'Auxerrois, côté Seine. À quelques mètres à peine de nos illustres momies !

Une fois la paix retrouvée, le bon roi Louis-Philippe se soucia d'honorer la mémoire des héroïques citoyens de Juillet. Il décida de l'érection d'un monument à la place de l'ex-Bastille pour leur offrir une digne sépulture. Le jour du transfert vers la colonne de Juillet, le 27 juillet 1840, les fossoyeurs embarquèrent par erreur deux momies un peu à l'écart des autres. Ce n'est que vers 1940, lors de la réfection des caveaux, que l'on s'aperçut officiellement de la confusion : le nombre de dépouilles étant supérieur de deux corps au nombre de combattants gravé sur les tables d'airain ! (Les caveaux sont visibles derrière des grilles lors du passage sous la Bastille via le canal Saint-Martin.)

À vous de jouer !

▸ Cours de danse orientale

La danse orientale (en arabe *raqs sharqi*) nous vient d'Égypte. Pour la plupart des Occidentaux, elle est synonyme de danse du ventre. Grossière erreur ! Sensuelle mais non érotique, élégante et non provocante, elle recèle une foule de nuances artistiques : du traditionnel *baladi* égyptien à la danse de la canne ou à celle des voiles, en passant par les mouvements fun sur les derniers tubes du Caire. La danse orientale version égyptienne se distingue de la version maghrébine par des mouvements plus amples et plus détachés du sol, comme ceux des héroïnes des films égyptiens sirupeux des années 1950. Il vous suffit de maîtriser quatre ou cinq pas de base pour aborder différents types de chorégraphie. Commencez par un échauffement sur une mélodie lancinante avec mouvements de rotation des hanches et des poignets. Votre bassin souligné par un foulard à sequins oscille langoureusement, vos bras se croisent et se décroisent tandis que le rythme s'accélère. Ajoutez contorsions suggestives et déhanchements parfaitement contrôlés et vous deviendrez en quelques séances une disciple accomplie de la célèbre Fifi Abdouh.

Toutes les écoles de danse orientale enseignent les mêmes mouvements de base. Ensuite le style varie en fonction de la pédagogie et de la personnalité de la prof. Une affaire de goût.

Centre de danse du Marais

41, rue du Temple, 4e. M° Rambuteau. Tél. 01 42 72 15 42.
www.parisdanse.com. Tarif : 18 € le cours.
Les cours de Leïla Haddad sont une valeur sûre.

Ceasil

4, rue Vigée-Lebrun, 15e. M° Volontaires. Tél. 01 44 49 67 89.
Tarif : 85 € par trimestre (10 ou 12 cours), soit environ 8 € le cours.
Cours de danses du Nil et de danses orientales.

Centre de danses orientales

Cours au studio Chandon, 280, rue Lecourbe, 15e. Tél. 01 43 06 63 57. www.centrededansesorientales.com. Tarif : 15 € le cours.

Compagnie Mille et Une Nuits

Dans les locaux de l'Académie des arts chorégraphiques, 4 bis, cité Véron, 18e. Tél. 01 42 01 68 61 – www.danseorientale.net

Tarif : 46 € la carte de 4 cours.

Cours de danse avec accompagnement de *darbouka* (tambour égyptien) et chorégraphie avec voile. Cours d'essai gratuit.

▸ Vous trouverez une sélection de cours plus complète sur le site de la boutique Sharihane (voir À offrir, à s'offrir !).

▸ Cours de langue et de hiéroglyphes

Khéops-égyptologie

16, rue Albert-Bayet, 13e. M° Place-d'Italie.

Tél. 01 44 24 87 90 – www.egypt.edu

Ouvert du lundi au vendredi de 9h30 à 12h30 et de 13h30 à 17h30 (jusqu'à 17h le vendredi). Tarif : 147 € le stage de 10 semaines, 480 € le cours de civilisation.

Quid de la chouette, du couteau, du bras et du cobra ? Champollion a fait l'essentiel du boulot en nous donnant le mode d'emploi des hiéroglyphes, il ne nous reste plus qu'à apprendre l'alphabet des signes et la grammaire ! Même si vous dessinez comme une autruche, n'hésitez pas à vous inscrire. Quelle récompense que de pouvoir lire couramment la gazette de l'obélisque ! Stage découverte, cours d'égyptien hiéroglyphique, de néo-égyptien, d'arabe dialectal égyptien et cours de civilisation pour *égyptaholics* gravement atteints.

À offrir, à s'offrir

▸ Costumes de danse orientale

Sharihane

34, rue de la Lune, 2e. M° Bonne-Nouvelle.
Tél. 01 53 40 75 10. www.sharihane.com ou www.danse-orientale.fr
Ouvert du mardi au samedi de 11h à 19h.

Laissez-vous guider par Malika (Sharihane était son nom de scène du temps où elle était danseuse). Elle saura assortir pour vous longue jupe frangée et bustier strassé, voile diaphane, diadème à paillettes et ceinture à sequins. Sans oublier *sagattes* (mini-cymbales) et canne dorée, accessoires indispensables pour compléter la panoplie. Choisissez un CD de musique orientale, un DVD pour répéter et lancez-vous ! Costumes modernes, classiques ou traditionnels, sobres ou kitsch, bruyants ou pas... importés d'Égypte, du Liban et de Turquie (à partir de 230 €). Costumes d'occasion (à partir de 77 €) ou en location pour Shéhérazade d'un soir (à partir de 31 €). Les plus : un panneau d'infos, des piles de prospectus et de précieux conseils sur les stages, les cours, les spectacles.

▸ Artisanat

Akhesa

71, rue Galande, 5e. M° Maubert-Mutualité. Tél. 01 40 46 92 98.
Ouvert tous les jours de 12h à 20h.

Si les antiquités de la voisine Cybèle vous sont inaccessibles, rabattez-vous ici sur les statuettes de pharaons ou de divinités (Isis, Horus, Ramsès II) en albâtre, en basalte, en bronze, ou sur les bijoux sertis de pierres semi-précieuses (lapis-lazuli, tourmaline, corail...).

Cybèle

65 bis, rue Galande, 5e. M° Maubert-Mutualité. Tél. 01 43 54 16 26.
Ouvert du lundi au samedi de 10h30 à 19h.
Librairie ou galerie d'art ? À l'entresol, des antiquités exposées comme des pièces de musée. À l'étage, des ouvrages spécialisés sur la civilisation égyptienne. Manuels de grammaire, romans historiques, dictionnaires mythologiques, catalogues d'expos, livres de photos, revues archéologiques... Accueil un peu froid.

Maison d'Égypte

132, avenue du Maine, 14e. M° Gaîté. Tél. 01 42 79 08 80.
Ouvert du lundi au samedi de 10h à 14h et de 15h à 19h.
Tout y semble vieux comme dans une boutique de souvenirs oubliée par les hordes de touristes. Résultat des fouilles quasi-archéologiques : narguilés à partir de 52 €, tuyaux et embouts de rechange, tuniques à motifs égyptiens, pendentifs scarabée (1,50 €) ou tête de Néfertiti (3,20 €), papeterie à thème papyrus...

Au fil du Nil

42, rue des Dames, 17e. M° Rome. Tél. 01 55 30 01 00.
Ouvert du mardi au samedi de 10h30 à 19h.
"Caverne d'Ali Baba" : le cliché est usé mais, pour une fois, la description colle pile-poil. Un antre sombre, des lanternes de cuivre, des tapis, des bijoux, des narguilés (à partir de 27 €)... Peut-être le courtois génie des lieux, à la botte de la déesse chatte Bastet, exaucera-t-il vos vœux ?

Goûts et saveurs

La cuisine égyptienne est l'une des plus anciennes du monde, connue d'après les fresques et les textes hiéroglyphiques. Malheureusement, les tables égyptiennes contemporaines ne proposent plus les succulents mets jadis au menu des banquets pharaoniques : graisse de rognon arrosée de bière, ombelles de papyrus, fruits de *mimusops* ! Il faudra donc se contenter de modestes plats de fèves *(ful)*, de boulettes aux herbes *(falafel)* ou à la viande *(kefta)* ou de spécialités consistantes comme la *mouloukheya* (une soupe gluante aux herbes) et le *kochari* (riz, pâtes, lentilles, pois chiches et sauce épicée). Les Égyptiens ont la dent sucrée et raffolent des pâtisseries fourrées aux fruits secs et parfumées à l'eau de fleur d'oranger, communes à tous les pays du Moyen-Orient. Ils se distinguent en revanche par leurs boissons, variées et originales : sirop de mûre, de caroube ou de tamarin, jus de mangue, de réglisse ou de canne à sucre, infusion d'anis ou de cannelle... Certains breuvages comme le *karkadé* (infusion de fleurs d'hibiscus) et le *sahlab* (lait chaud à la poudre de *salep*, saupoudré de cannelle, de sésame, de noisettes et d'amandes) se marient particulièrement bien avec le narguilé.

▸ Traiteurs et Épiceries

Fleurs de lotus

75, rue de Rochechouart, 9e. M° Anvers. Tél. 01 45 26 36 29.
Ouvert du mardi au dimanche de 11h à 22h.

Tous les dons du Nil bien rangés sur les rayons de cette supérette égyptienne archi-complète : fèves, lentilles corail, pois indiens blancs, pois cassés jaunes, farine de pois chiche, fleurs d'hibiscus séchées en vrac, préparation en poudre pour *om ali* (le pudding égyptien), pâte verte surgelée pour *falafel*, meule de fromage *roumi* au lait de brebis, *halawa* égyptien sans cholestérol (0,90 € la barre), confiture de dattes... Essayez absolument la poudre pour *sahlab*, à mélanger à du lait ou de l'eau pour obtenir une sorte de délicieux muesli au goût d'amande (2,60 €).

Le Caire

63, rue de Belleville, 19e. M° Pyrénées ou Belleville.
Tél. 01 42 06 06 01. Ouvert du mardi au dimanche de 10h à 22h.

De l'extérieur, les étagères semblent sur le point de s'effondrer mais, pas de panique, le Cairote M. Abdel contrôle tout. Un joyeux capharnaüm de sacs de fèves, de fruits séchés (rondelles d'ananas, kumquats...), d'épices en sachets, de condiments en saumure, de flacons d'huile de jasmin sous des guirlandes de babouches en cuir et d'embouts de narguilé. Goûtez aux aubergines farcies (noix, piments, ail, dattes), aux *bourik* (triangles feuilletés fourrés de fromage, de viande ou d'épinards) ou, à même le bidon, au fromage à tartiner au piment aillé (ça arrache, calmez aussitôt votre palais avec de délicieuses pâtisseries orientales vraiment pas chères, 1 €).

▸ Salons de thés orientaux

Après avoir conquis de longue date, via les Ottomans, le bassin méditerranéen, le café oriental gagne les capitales occidentales. Ça tombe bien : à Paris comme à Londres, il est très tendance de s'entourer d'un parfum d'exotisme. Donner rendez-vous devant un narguilé ou faire une pause karkadé à l'heure du thé, ça vous colle tout de suite une étiquette d'aventurière nostalgique et mystérieuse. Les cafés orientaux de Paris surfent sur la dune (en faisant grimper le prix de la chicha) et se multiplient tout en restant très localisés dans les 5e et 9e arrondissements. Tenus par des Égyptiens ou des Tunisiens, ils jouent à fond la carte orientale : tentures au plafond, banquettes basses le long des murs, coussins moelleux à même les kilims, poufs en cuir, tables basses formées de plateaux de cuivre, lampes veilleuses... Alcôves discrètes et fontaines roucoulantes en option. Entre les tables, des sortes de grands champignons dorés entortillés de tuyaux serpentins multicolores : les narguilés ou chichas.

Café égyptien

2, rue de l'Arbalète, 5e. M° Censier-Daubenton. Tél. 01 43 31 11 35. Ouvert tous les jours de 12h à 2h.

Pas moins de quatre cafés orientaux planqués dans les ruelles satellites du bas de la rue Mouffetard. Guidez-vous au flair (ça sent la *toffah* à 20 mètres à la ronde) et votez pour le plus animé, le plus authentique et le pionnier du genre dans le quartier. Incrustez-vous sur un sofa, entre un concile d'Égyptiens et une bande d'étudiants, puis laissez-vous bercer par la mélodie du joueur de *oud* (luth), en méditant sur les motifs des tentures égyptiennes aux couleurs de la nation (rouge, vert et blanc). Chicha parfum rose, pomme, fraise, abricot ou miel (6 €).

Le Salon égyptien

77, rue du Cardinal-Lemoine, 5e. M° Cardinal-Lemoine. Tél. 01 43 25 58 99. Ouvert tous les jours de 11h à 2h.

Un exemple réussi d'aménagement de cave : une enfilade tarabiscotée de cinq petits salons isolés, avec banquettes pourpres et vieilles pierres. Libre à vous de profiter de cette intimité pour vous bécoter dans les volutes, négocier ou échanger les derniers potins... La chicha (5 €) peut ici s'accompagner d'une option glace.

CHICHA, MODE D'EMPLOI

Ces pipes à eau, qui peuvent mesurer jusqu'à 2 mètres de haut, permettent de fumer du tabac aromatisé, sucré et adouci. La fumée est aspirée grâce à un long tuyau puis est refroidie et purifiée dans un flacon rempli d'eau. Le fourneau est rempli d'un mélange *(toffah)* de tabac pur, de miel ou de mélasse et d'une essence fruitée ou épicée. Le tabac est adouci par les aromates et le miel mais aussi par le filtrage que subit la fumée dans l'eau.

1. Choisissez le parfum du tabac.

2. Imitez les pros qui vous entourent : portez le bec à votre bouche, tirez une "*bouif*" (bouffée) et retenez un peu la fumée dans la gorge d'un air alangui en plissant les yeux. (Pas de panique : le glouglou semblable à celui d'une décolleuse de papiers peints en action est normal, c'est l'eau dans la pipe.)

3. À plusieurs, c'est encore mieux. Demandez un tuyau à embouts multiples, aspirez quelques bouifs et faites passer à votre voisin.

Une chicha dure environ 1h30 et "nourrit" sans problème 4 personnes. Ludique, convivial et original. Une bonne séance de chicha s'accompagne, entre deux bouffées, d'une dégustation de karkadé ou de sahlab. Élargissez l'horizon des habitués de ces cafés (des étudiants et des Orientaux surtout) et, en digne Cléopâtre des temps modernes, profitez de vos RTT pour venir tchatcher autour d'une chicha !

Al Machrabia

72, rue de Rochechouart, 9e. M° Anvers. Tél. 01 49 95 02 81.
Ouvert tous les jours de 15h à 2h.

Une profusion de dais à pompons ocre rouge, un plafond drapé comme une tente de sultan en goguette et d'insolites infusions de *yanssou* ou d'*hellbac* (soja sec, 3,20 €) entre deux *bouifs* de narguilé à la pomme (6 €). Soirée musicale les jeudis et vendredis (réservation conseillée).

▸ Impressions de voyage

Sans être clandestins, les chicha bars sont souvent situés dans un sous-sol. Côté pile, l'aménagement est réussi : un petit coin douillet dans une cave voûtée médiévale, une atmosphère intime, un poil mystérieuse sans être flippante. Côté face, le résultat peut carrément virer au glauque : carrelage nu et froid, murs décrépis, banquettes trop dures, peu d'aération… Claustrophobes s'abstenir.

Pour les bars à chicha cités, imaginez un même décor de base (poufs, kilims et Cie) et essayez de visualiser les variations. Un conseil : si vous ne voulez pas vous casser le nez devant des portes closes, ajoutez une bonne heure à l'horaire d'ouverture "officiel".

(Voir aussi les cafés orientaux du chapitre Maghreb et les adresses du site www.francechicha.com.)

Histoire égyptienne ♥

32, rue Fontaine, 9e. M° Blanche. Tél. 01 49 95 94 63.

Ouvert tous les jours de 11h30 à 2h (de 15h30 à 2h le dimanche).

Vraiment pharaonique : un temple égyptien cosy aux couleurs or et turquoise. Pierres blondes, plafond crépi de sable, Ramsès et Toutankhamon grandeur nature, tabourets capitonnés, coin bibliothèque. Summum du raffinement : la crypte, une reconstitution du tombeau de Néfertiti (murs et plafond bas entièrement recouverts de hiéroglyphes polychromes et de fresques mythologiques). Infusion d'anis ou de cannelle (2 €), sahlab (4 €), chicha miel, menthe, rose… (6 €).

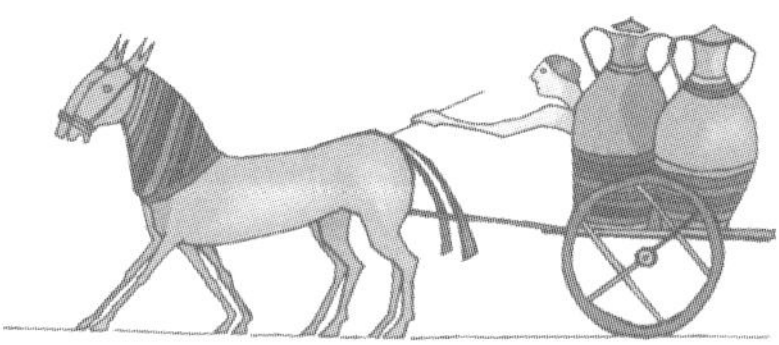

Horus

25, rue de Douai, 9e. M° Blanche. Tél. 01 48 78 68 00.

Ouvert tous les jours de 15h à 2h.

Un chouïa vieillot mais authentique et vraiment égyptien (le service nonchalant est un gage de vérité.) En bon Cairote, posez-vous sur une galette en cuir devant les infos égyptiennes en VO ou dans l'arrière-salle, plus aérée. Narguilé cappuccino, cocktail, fraise (7 €), infusions (2,50 €).

Maison d'Égypte

132, avenue du Maine, 14e. M° Gaîté. Tél. 01 42 79 08 80.

Ouvert tous les jours de 18h30 à 1h.

Sans vous attarder au rez-de-chaussée, indigne, descendez au sous-sol. À la lueur de loupiotes orange, vous découvrirez une cave quasi-clandestine digne des plus glauques bas-fonds du Caire. Dépaysement garanti. Chicha à 5 €.

Et aussi :

Pour les purs et durs en quête d'authenticité absolue, les deux cafés orientaux jumeaux de la rue des Couronnes (nos 5 bis et 9). Mosaïques bleues, compartiments banquettes et joueurs de d ominos. Les femmes ne sont pas interdites dans ces lieux mais elles s'y font dévisager avec insistance par des mâles de tous âges. Gênant ou amusant… à vous de voir. Chicha à 5 €.

▸ Restaurants

Néfertari **€**

6, rue Saint-Marc, 2e. M° Bourse ou Grands-Boulevards.

Tél. 01 40 41 10 04.

Ouvert tous les jours sauf dimanche de 11h30 à 23h30.

Chez Mme Ramsès II, les golden boys boursicoteurs laissent leur *speed* au vestiaire, enroulent leurs cravates en turban, s'assoient sans chichi sur des poufs et essaient de manger proprement leur *chorbate halabesse* (potage de pois chiches), leur *kochari* (le plat national, à base de riz, de pâtes et de lentilles, ouf !).

4

Îles de l'océan Indien

Réunion
Île Maurice
Madagascar
Seychelles

Qu'est-ce qui pousse un Réunionnais (ou, plus rarement, un Mauricien) à venir en métropole ? La nécessité de poursuivre ses études, l'attrait d'un meilleur salaire mais aussi le désir de se forger son propre avis après en avoir tant et tant entendu parler par ses parents, par les médias et par les touristes métropolitains. Curieux de voir "comment ça marche ailleurs, comment pense et réagit le vrai métropolitain dans son univers quotidien, hors du contexte des vacances", le Réunionnais entame un voyage initiatique (qui coïncide généralement avec des études supérieures). À Paris, la désillusion est souvent au rendez-vous, et soit le désenchanté prend un billet retour, soit il s'adapte au rythme speed de la vie parisienne.

Le flux de Réunionnais en transit dans la capitale est constant, et l'information déformée des deux côtés : le mythe de la lointaine métropole dont rêvent les îliens est tout autant factice que la vision paradisiaque des îles entretenue par les reportages touristiques alléchants.

Les Mauriciens de Paris sont estimés à 30 000. Ils travaillent pour la plupart dans le quartier indo-pakistanais du 10e arrondissement (autour de la rue Jarry) et dans le bas de la rue du Faubourg-Saint-Denis où ils ont ouvert de nombreux commerces (épiceries, vidéo-clubs, snacks, salons de coiffure...).

Les exilés malgaches, quant à eux, sont arrivés en majorité dans les années 1972-1975, tant pour des raisons économiques que pour fuir la dictature de Ratsiraka et le communisme qui suivirent l'indépendance. Estimés à 20 000 en Île-de-France, les Malgaches habitent pour la plupart en banlieue sud (Cachan, Orly, Massy). Ils se retrouvent au sein d'associations (souvent religieuses et en banlieue) et aiment par-dessus tout faire la fête, "pour garder le contact avec la grande famille" au sens le plus large du terme (incluant les ressortissants des îles voisines de l'océan Indien). Soirées branchées, concerts et spectacles composent une riche programmation, méconnue des Français faute de médiatisation efficace (voir plus bas).

Les Seychellois, pour leur part, sont à peine une centaine à Paris. Parmi eux, une majorité de femmes seychelloises qui travaillaient à Beyrouth pour des patrons français et qui ont suivi ces derniers quand ils sont revenus en France en 1985, menacés par la guerre civile et la prise d'otages occidentaux au Liban.

Question de culture

▸ Centre culturel

Association réunionnaise communication et culture (ARCC)

160, rue Pelleport, 20e. M° Télégraphe.
Tél. 01 43 15 00 21 – www.arcc.asso.fr
Ouvert du lundi au vendredi de 14h à 19h (mieux vaut téléphoner avant).
Les bénévoles de cette association se mettent en quatre et jonglent avec leurs ti'moyens pour promouvoir en terre métropolitaine la littérature et les arts plastiques réunionnais à travers des soirées Couleurs Saphir (conférences débats) et des expos. Ce mini-centre culturel off possède aussi une modeste bibliothèque : romans d'auteurs emblématiques (Jean-François Samlong, Daniel Vaxelaire), poèmes et BD en créole, revues satiriques (*Le Margouillat*), quotidiens (introuvables dans les kiosques parisiens) et vidéos documentaires.

▸ Librairie

L'Harmattan

16, rue des Écoles, 5e. M° Maubert-Mutualité. Tél. 01 40 46 79 11.
www.editions-harmattan.fr
Ouvert du lundi au samedi de 10h à 19h.
Dans le rayon océan Indien, des romans d'auteurs seychellois et malgaches, de la littérature réunionnaise d'expression créole, des recueils de poésie comorienne ou de recettes mauriciennes, des contes de l'île de Mayotte, des poèmes mascarins de Charles Baudelaire, des lexiques mahorais-français, des docs pour décrypter les rites funéraires ou les remous politiques malgaches.

S'informer

▸ Radios

Espace FM (98.8 FM)

L'émission Tam Tam Maloya, le samedi et le dimanche de 19h à 21h, diffuse news et tubes de l'océan Indien.

L'Écho du capricorne
(Fréquence Paris Plurielle, 106.3 FM)

www.echoscapricorne.fr.st

Les exilés de Tana-sur-Seine sont scotchés à leur poste le mercredi de 20h30 à 21h30, le jeudi de 11h à 12h et le vendredi de 6h à 7h30 pour écouter en franco-malagasy des news de la Grande Île (musique, culture, art, histoire, actualités) et des infos sur la vie de la communauté en région parisienne (interviews, tribunes, agenda des événements).

À vous de jouer !

▸ Cours de langue

Institut national des langues et civilisations orientales

2, rue de Lille, 7e. M° Rue-du-Bac.
Tél. 01 49 26 42 1 – www.inalco.fr
Ouvert du lundi au vendredi de 9h30 à 12h et de 14h à 17h.

Pour apprendre la langue des reines Ranavalona et les *hainteny* chers à Jean Paulhan (panoplie de proverbes et d'alexandrins propres à la littérature orale), inscrivez-vous aux cours de langue, de littérature et de civilisation malgache de l'INALCO.

À offrir, à s'offrir

▸ Artisanat

Karibo

30, boulevard de Vaugirard, 15e. M° Pasteur. Tél. 01 43 20 00 72.
Ouvert de 11h à 18h30. Fermé le lundi matin et le dimanche.

Un échantillonnage complet du fameux marché de Zoma ! Robes à smocks, nappes d'Antananarivo brodées de personnages colorés, paniers en rabane teintée, statuettes de bois précieux, *valihas* (sorte de harpes tubulaires en bambou) et de drôles de petites voitures réalisées en métal de cannette recyclé (2CV en Minute Maid, 4L en Coca Light) qui reflètent avec humour la philosophie du système D, à la base de la vie quotidienne à Madagascar.

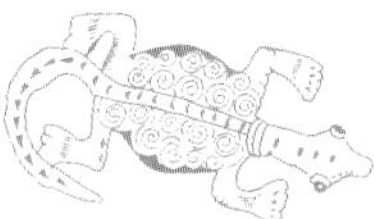

Goûts et saveurs

La cuisine créole des îles de l'océan Indien est très proche de celle des Antilles : un savant métissage de traditions culinaires chinoises, africaines, indiennes et européennes. Un bon repas créole commence par un rhum "arrangé" c'est-à-dire agrémenté d'épices et de fruits tropicaux, que l'on éponge d'amuse-gueule : samoussas d'inspiration indienne, bouchons aux allures de *dim sum* chinois (raviolis vapeur), bonbons piments (galettes jaunes de pois du Cap), achards de légumes (crudités marinées), acras de morue, petits boudins noirs.

Place ensuite aux ragoûts et civets locaux fortement typés à l'indienne (*caris, massalés, vindayes* et *colombos*), déclinés en version poulet, cabri, poulpe, requin, espadon, porc... et accompagnés de riz blanc, de "grain" (haricots rouges, fèves ou lentilles) ou de *brèdes* (sorte d'épinards). Autre classique des tables créoles : le perfide *rougail*, qui peut être "marmite" ou "pilon" – deux préparations différentes qu'il vaut mieux ne pas confondre ! Le soft rougail-marmite est une sorte de ratatouille épicée tandis que le redoutable rougail-pilon est un condiment brûlant à base de tomate, de mangue, de pistache ou de mangue.

Quelques particularités insulaires :

- Les Réunionnais arrosent sans compter leurs mets de safran, de gingembre et de *combava* (petit citron vert).
- La gastronomie mauricienne avec ses rôtis, ses *vindayes* et ses *byrianis* est la plus "indienne" de toutes. Les pâtisseries sont très proches des sucreries indiennes : kitsch, fluo, gorgées de sucre et hérissées de coco râpé.
- Les Malgaches, qui ont connu une période de colonisation relativement courte, ont conservé de très anciennes traditions culinaires "africanisantes". Le repas malgache type ? Une grosse plâtrée de riz et plein de trucs par-dessus (herbes, viande, poisson). Le plat national est le *romazava* (pot-au-feu à base de viande de zébu et de *brèdes*).

▸ Épiceries

Pas d'épicerie océano-indienne à Paris, mais les exilés trouvent les denrées indispensables à leur survie dans les supérettes asiatiques.

Goa

151, boulevard de La Villette, 10e. M° Stalingrad. Tél. 01 40 36 40 37. Ouvert du lundi au samedi de 9h30 à 19h.

C'est là que les Réunionnais s'approvisionnent en boissons indigènes (limonade insulaire "fadasse mais dont le goût catapulte illico au pays", bière Bourbon, rhum Charrette), épices fraîches (arrivages de Saint-Denis le vendredi après-midi) et *bichiques* séchées. Les Mauriciens font emplette de thé Bois Chéri, de limonade Eski (parfum amande, vanille, banane, anis), de bières Phoenix et Blue Marlin, de pâte à samoussas, de requins et de capitaines surgelés.

Wa-Seng

18, boulevard Garibaldi, 15e. M° Cambronne. Tél. 01 47 34 39 13.
Ouvert du lundi au samedi de 10h à 19h.

Des produits réunionnais dans une supérette asiatique ? L'association est inattendue, les denrées rares et l'adresse précieuse. Profitez-en pour remplir votre cabas d'achards (citron, mangue, jacque), de moutarde créole, de piment Cyclone (extra-fort), de rougail-marmite, de gelées de fruits exotiques et de punchs vanillés. Au rayon surgelé : boucané, bonbons piments, *bouchons* et samoussas (crabe, bœuf, crevettes, légumes), pimentés XL ou XXL.

▸ Restaurants réunionnais

La Charette Créole **€€**

15, rue Chaplain, 6e. M° Vavin. Tél. 01 43 26 03 10.
www.lacharettecreole.com
Ouvert tous les jours midi et soir.

Que tu sois créole ou zoreille, tu te régaleras tout pareil. Pas de chichis dans cette paillote : un rhum "arrangé" te sera servi d'office pour te mettre à l'aise. Tu enchaîneras, au choix, sur des spécialités réunionnaises, malgaches ou mauriciennes : beignets de chouchous (cristophine), cari de Saint-Jacques, requin grillé, *bouchons* (raviolis) saucisse... Sache que la bande son de *sega maloya* (à fond) ne te laissera pas en placer une. L'ambiance monte encore d'un cran le samedi soir, quand on danse entre les tables.

Menus à 10 € et 12 € (midi), 25 € à la carte.

Aux Petits Chandeliers **€€**

62, rue Daguerre, 14e. M° Denfert-Rochereau. Tél. 01 43 20 25 87.
Ouvert tous les jours midi et soir.

Chaussez vos œillères pour traverser au pas de course la première salle (triste troquet tout sauf tropical) et foncez directement vers le cabanon de bois planté au fond de la cour. Vert et blanc, luxuriant, il propulse la rue Daguerre dans une autre dimension. L'atout magistral de ce vétéran ? Sa popote typique des familles, rare sur les cartes des restos réunionnais de Paris, perpétuée ici depuis trois générations. Achards de palmiste, *bouillon larson*

(soupe indienne épicée à base de lentilles et de gingembre), *cari ti-jacque* (gros pois), bichiques (alevins goûteux) ou *z'ourite* (poulpe) avec fricassée de *brèdes*, patate douce au jus de canne et vin de Cilaos. En dessert, des fruits tropicaux pas banals comme la grenadille ou le longane.
20 € à la carte.

▸ Restaurants mauriciens

La gastronomie mauricienne à Paris est à l'image même de la lointaine "Île de France" : avec deux poids et deux mesures. Là-bas, des palaces cinq étoiles luxes (Royal Palm, Shandrani et Cie) en bord de mer, et des villes modestes et industrieuses au centre de l'île. Ici, un restaurant étoilé dans les beaux quartiers et une colonie de bouis-bouis à la porte Saint-Martin. Ces derniers, à l'image de ceux de Port-Louis, affichent une authenticité antifrime, des saveurs intactes, un accueil d'une grande gentillesse et cet accent typique à la fois traînant et mélodieux, reconnaissable entre mille. Ils sont parfaits pour une pause déjeuner *cheap*, ambiance cantine, mais déconseillés pour un dîner romantique (visez dans ce cas Le Chamarré).

Le Chamarré €€€

13, boulevard de La Tour-Maubourg, 7e. M° Invalides.
Tél. 01 47 05 50 18. Fermé samedi midi, dimanche et lundi.
Quand deux anciens de chez Passard, l'un français et l'autre mauricien, décident de s'associer pour ouvrir leur propre restaurant, ils sont forcément attendus au tournant. Et le Tout-Paris en reste baba. La critique est élogieuse et même le bonhomme Michelin, séduit, laisse échapper une étoile. Leur cuisine associe recettes des terroirs français, ingrédients mauriciens et vice versa. Poulet des Landes, cochon de lait fermier et bar breton s'avèrent sublimés par une cuisson boucanée ou un accompagnement de plantain, de *combava* (petit citron vert) ou de *galanga*, et les desserts s'épicent avec finesse comme ces achards à la goyave et leur glace au curcuma. De quoi faire oublier la sobriété de la salle, aux couleurs du site naturel de Chamarel (camaïeu de terres rouge brique, ocre et cannelle).
Menus à 40 € (midi), 60 € et 100 € (7 plats).

Le Filao et L'Île aux cerfs €

8 et 10, passage du Prado, 10e. M° Strasbourg-Saint-Denis.
Tél. 01 48 24 17 17 et 01 44 83 98 20 – ile-aux-cerfs.eresto.net
Ouvert lundi à samedi de 11 h 30 à 21 h 30.

Suivez discrètement un Indien affamé, il vous mènera tout droit à sa cantine du passage du Prado, plus calme et plus préservé que le passage Brady (pour combien de temps encore ?). Une fois sur place, jouez à pique et pique et colégram pour choisir un des snacks mauriciens intercalés entre des fast-foods indiens. Vous ferez forcément une bonne pioche, ils sont aussi attachants et savoureux les uns que les autres. Comme à la cafét', on prend son plateau et on choisit au pif le plat du jour : bol renversé (sauce champignons, crevettes, bœuf, poulet, légumes), épinards touffé et lentilles, *cari ourite, biryani de cerf, dholl purri*... Sous votre nez, des pâtisseries sans sous-titrage : gâteau coco rose fluo, puits d'amour, curieux *ladoo* (beignet de pois chiche sucré), délicieux *mawa sam* (chausson à la cardamome). Un repas copieux pour une poignée de roupies (9 €).

Saveurs des îles €

7, rue de l'Échiquier, 10e. M° Strasbourg-Saint-Denis.
Tél. 01 44 83 99 40. Fermé le dimanche.

Les plus speeds se rabattront dans ce snack mauricien looké à l'indienne, sur un rôti *farata* (une crêpe généreusement garnie de toutes sortes d'ingrédients épicés, 1,25 €), quelques beignets de piment et un sablé en forme de cœur au glaçage rose layette. Le tout pour moins de 7 €.

▸ Restaurant seychellois

Coco de mer ♥ €€

34, boulevard Saint-Marcel, 5e. M° Saint-Marcel.
Tél. 01 47 07 06 64. Fermé dimanche et lundi midi.

Déguster à Paname un bourgeois au chutney de mangue verte les doigts de pieds en éventail dans du sable blanc et fin comme de la farine... Ne rêvez plus, vivez-le ! Bon, d'accord, de l'autre côté de la véranda, les parcmètres et la grisaille sont toujours là, mais la sensation du transat qui s'enfonce en crissant dans le sable est unique ! Des spécimens extraits des lagons transparents (espadon, job, marlin, mérou) atterrissent fumés, marinés, grillés ou pochés dans l'assiette, poursuivis par une crème gratinée à la banane. Menus à 15 € (midi) et 30 €. (Quid du coco de mer ? Un cocotier sous-marin ? Non, c'est un arbre indigène des Seychelles qui produit une noix de la taille et de la forme d'un postérieur féminin. L'impertinente noix est d'ailleurs surnommée "coco-fesse" !)

▸ Restaurant malgache

Menabé-L'Ile Rouge

33, rue Damesme, 13e. M° Maison-Blanche ou Tolbiac.
Tél. 01 45 65 04 11. Fermé dimanche et jours fériés.

Alors qu'une hécatombe de fermetures décime un grand nombre de commerces *gasy* de Paris, Menabé, le doyen, résiste fièrement. Il a compris le truc : modestie et qualité sont gages d'endurance et de renommée. Le boui-boui est familial et la carte minimale : quelques *tsakisaky* (amuse-gueules) pour commencer puis l'un des trois plats du jour (*romazava*, saucisses aux pois *bambaras*, seiche au lait de coco), à arroser d'une THB (bière pays)ou d'un bonbon anglais (soda local). Seul à la barre, un savant professeur qui a délaissé ses recherches au CNRS pour montrer aux Français que Madagascar, ça n'est pas seulement les lémuriens, les baobabs, la misère et les soulèvements politiques. Si vous le sollicitez, il coiffera sa casquette d'ambassadeur touristique et vous conseillera sur les meilleurs itinéraires pour découvrir l'île Rouge (surnommée ainsi à cause de la couleur de sa terre mais aussi en allusion à l'inclinaison rouge coco de ses habitants).

Menus à 12 € (midi), 17 € et 27 €. Réservation conseillée.

▸ Restaurant mahorais

Banga de Mayotte **€**

33, rue Rousselet, 7e. M° Duroc ou Vaneau. Tél. 01 45 66 84 44.
Fermé lundi midi, samedi midi et dimanche.

Achards, cari de cabri, poulet au lait de coco, pirogue de banane… L'unique représentant gastronomique de l'archipel des Comores décline les spécialités créoles à la sauce mahoraise. Peu de différence à la carte mais l'opportunité d'échanger des news de l'île française immatriculée 976.

Menu à 16,50 € (midi), environ 23 € à la carte.

La fête au rythme des îles

Les exilés des îles sœurs de l'océan Indien (Réunion, Maurice, Madagascar, Seychelles, Comores) ne sont pas sectaires. Quand il s'agit de faire la fête, *malbars, cafres, ti-yabs* et *gasys* se mêlent joyeusement, toutes identités confondues, aux sons des *séga, maloya, salegy, seggae, cabo love, funana, kompa* et Cie.

En l'absence de bar et de club malgache à Paris, les jeunes *gasy* de TananaParis se pressent aux concerts et soirées branchées organisées ponctuellement de part et d'autre du périph'. Pour savoir où vibrer sur des rythmes *gasy*, où danser le *salegy* et le *segé*, connaître la date de la prochaine Gasy Fever Night ou celle de l'élection de miss Manja, branchez-vous sur le site de l'association Nouvelle génération malgache (http://ngmalgache.free.fr). Les lémuriens parisiens sont les bienvenus !

Les hindous mauriciens se réunissent à l'occasion de fêtes tamoules comme *Dipavali* (la fête de la Lumière) ou *Mahâ Shivar* (grande nuit de Shiva). Au programme : cérémonies rituelles, spectacles de danse *baranakum*, chants *bhajans* et séga mauricien, buffet gourmand. Comme les lieux, les dates et les organisateurs varient, le mieux est de guetter les affiches qui fleurissent en permanence sur les vitrines des commerces indies du haut de la rue du Faubourg-Saint-Denis (10e).

Index

Dans la même collection

À chacun sa chorale
À chacun son café
À chacun son resto
Acheter de l'art à Paris
Avoir un chat à Paris
Bien naître à Paris
Chic et jolie à petits prix
Comment devenir une vraie Parisienne
Cuisiner comme un chef à Paris
Être bénévole à Paris
Faire du cheval à Paris
Guide de l'écocitoyen à Paris
Guide de survie de l'étudiant parisien
Jolis hôtels de Paris à petits prix
L'Afrique à Paris
L'art contemporain à Paris
L'Asie à Paris
La photographie à Paris
Le guide du soutien scolaire
Le jazz à Paris
Le monde à Paris
Le roller à Paris
Le thé à Paris
Le théâtre à Paris
Les cantines de Julie
Les meilleurs brunchs de Paris
Les meilleurs dépôts-ventes de Paris
Les meilleurs restos à petits prix
Les meilleurs restos exotiques de Paris
Les mercredis des petits Parisiens
Les nouvelles gyms du bien-être
Nuits blanches à Paris
Organiser une fête à Paris
Où s'embrasser à Paris
Où trouver le calme à Paris
Paris anti-stress
Paris brico-déco
Paris Chocolat
Paris cinéphile
Paris de fil en aiguille
Paris Design
Paris en bouteilles
Paris en fauteuil
Paris gayment
Paris Gourmandises
Paris Latino et ibérique
Paris des libres savoirs
Paris les pieds dans l'eau
Paris Patrimoine
Paris récup'
Paris rétro
Paris sur mesure
Paris tonique
S'épanouir à Paris
SOS Jeune mère parisienne
The Best Places to Kiss in Paris
Trouver un appart' à Paris
Trouver un Jules à Paris
Un tour à la campagne
Vivre bio à Paris
Vivre mieux pour moins cher

ISBN 10 : 2-84096-479-1
ISBN 13 : 978-2-84096-479-7
Dépôt légal : novembre 2006
Achevé d'imprimer en octobre 2006
dans les ateliers de Sagim-Canale, à Courtry
N° d'impression : 9668
Avec la collaboration de Hervé Milon